立思日语◎编著

高考日语
作文专项

涵盖历年高考真题＋新题型讲解

写作格式标点书写，各种体裁分类讲解
改错练习提分训练，新旧题型强化练习

中国纺织出版社有限公司

图书在版编目（CIP）数据

高考日语作文专项 / 立思日语编著. --北京：中国纺织出版社有限公司，2024.3
ISBN 978-7-5229-1340-7

Ⅰ.①高… Ⅱ.①立… Ⅲ.①日语课—高中—升学参考资料 Ⅳ.①G634.463

中国国家版本馆CIP数据核字（2024）第032928号

责任编辑：房丽娜　　责任校对：王花妮　　责任印制：储志伟

中国纺织出版社有限公司出版发行
地址：北京市朝阳区百子湾东里A407号楼　邮政编码：100124
销售电话：010—67004422　传真：010—87155801
http://www.c-textilep.com
中国纺织出版社天猫旗舰店
官方微博 http://weibo.com/2119887771
鸿博睿特（天津）印刷科技有限公司印刷　各地新华书店经销
2023年3月第1版第1次印刷
开本：787×1092　1/16　印张：9.5
字数：100千字　定价：48.00元

前言

评分标准

高考日语作文有规定的评分标准。阅卷人严格通过评分标准对考生作文进行评分，因此了解如何写好日语作文前，还需了解高考日语作文评分标准。

根据《普通高等学校招生全国统一考试大纲及考试说明》中的要求：

（1）准确使用词汇和语法，书写、标点规范。

语言的准确性是写作中不可忽视的一个重要方面，因为它直接或间接地影响到信息的准确传输。应用语法结构和词汇的准确程度是写作部分评分标准中的一项重要内容，书写和标点符号运用得正确与否也会一定程度上影响考试的成绩。

（2）使用一定的句型、词汇，清楚、连贯地表达自己的意思。

任何一篇文章都需要一个主题，考生应该围绕该主题，借助一些句型、词组等的支持，清楚、连贯地表达自己的思想。

其中还规定了高考日语作文评分需根据作文的内容和语言初步确定其档次，再根据该档次的标准结合评分说明来确定最终分数。

具体档次表：

档次	分数	说明
第六档	26～30分	写出“写作要点”的全部内容，语言准确流畅，表达形式丰富
第五档	20～25分	写出“写作要点”的全部内容，语言表达恰当
第四档	15～19分	写出“写作要点”的大部分内容，语言表达通顺
第三档	10～14分	写出“写作要点”的一部分内容，语言表达基本通顺
第二档	5～9分	写出“写作要点”的少部分内容，语言表达欠通顺
第一档	0～4分	写出“写作要点”的很少内容，语言表达不通顺或字数少于100字

考试评分标准：

① 少于规定字数，每少写一行扣1分。

② 每个用词或书写错误扣0.5分（不重复扣分）。

③ 每个影响语义的语法错误（活用、时态、助词、句型等）扣1分、总分不超过5分。

④ 标点符号及格式错误扣分总值不超过2分。

常见问题

在高考日语写作中有六大常见问题，分别是：文体不一、时态错误、书写不统一、用词不准确、格式错误、标点符号误用。

（1）文体不一。

在高考日语作文的写作要求中明确写明了，使用「です・ます」体，即敬体形式。切勿将敬体与简体混合使用以及出现省略、缩略等口语表达形式。

例：今日の天気がいいです。○
　　今日の天気がいい。　×

（2）时态错误。

在高考日语作文写作中，要注意时态的正确性，即现在时、过去时以及现在进行时等时态的正确使用。

例：先週旅行に行きました。○
　　先週旅行に行きます。　×

（3）书写不统一。

在高考日语写作中，切忌将汉字、假名随便变换书写。写作过程中要遵循日语的书写习惯。如果单词一般写汉字，写作时就用汉字。如果单词是片假名，就写片假名。

例：この料理はおいしいです。　○
　　このりょうりはおいしいです。×

（4）用词不准确。

用词不当主要有指示代词、人称代词，也有名词、动词、助词、形容词等的使用不当问题。要求平时巩固基础，多写多练。

例：机の上に、鞄があります。その中から、お金を取り出しました。○
　　机の上に、鞄があります。あの中から、お金を取り出しました。×

（5）格式错误。

高考日语写作需要在稿格纸中写作。与中文作文不同，日语写作首句空一格。格式错误经常出现在特殊文体写作中，具体示例在第二单元应用类中说明。

（6）标点符号误用。

标点符号的误用也是高考日语写作一个巨大问题。标点符号的不同或使用位置的不同，会影响一个句子的意思。因此一定要根据句子想要表达的意思，准确使用标点符号。

例：李さんはひたすらに喋っている森さんを呼びます。　○
　　李さんはひたすらに、喋っている森さんを呼びます。×

编著者

2023年6月

目录

第一部分

写作基础

第一单元　文章结构

第一节　文体格式

高考日语作文书写文体要求使用「です・ます」体。这一文体被称为敬体，在口语中，用于正式场合的谈话。而与之相对的是「だ」，称为简体。简体则在与家人以及朋友交谈等较为随意的场合使用。日语中还有一种文体，即「である」体，常有人将其与简体混淆。实则差距很大，「である」是文章体表达，是比较正式、书面的文体，一般用于小论文、报告中，在会话中很少使用。

- 敬体「です・ます」
- 简体「だ」
- 文章体「である」

敬体简体对应表

	简体	敬体
名词	休みだ 休みだった 休みではない 休みではなかった	休みです 休みでした 休みではありません 休みではありませんでした
动词	書く（原形） 書いた（た形） 書かない（ない形） 書かなかった（なかった形）	書きます 書きました 書きません 書きませんでした
一类形容词	おいしい おいしかった おいしくない おいしくなかった	おいしいです おいしかったです おいしくありません・おいしくないです おいしくありませんでした・おいしくなかったです
二类形容词	大変だ 大変だった 大変ではない 大変ではなかった	大変です 大変でした 大変ではありません 大変ではありませんでした

续表

	简体	敬体
だろう	きれいだろう	きれいでしょう
意志形（よ）う	食べよう	食べましょう

第二节 标点及数字、字母等书写规则

书写规则

① 高考日语作文使用横写形式。

	今	日	は	天	気	が	い	い	で	す	ね	。							

② 作文题目写在第一行的中心位置。

正确例子：

									私	の	夢								

错误例子：

私	の	夢																	

③ 每段开头空一格。

	新	聞	は	軽	く	扱	っ	て	い	た	よ	う	で	す	。				

④ 句号和逗号各占一格，写在格内的左下方。

正确例子：

	あ	の	角	を	曲	が	っ	て	、	図	書	館	が	見	え	ま	す	。	

错误例子：

	あ	の	角	を	曲	が	っ	て	、	図	書	館	が	見	え	ま	す。		

⑤ 标点符号不能出现在一行的开头处，应该与该行的最后一个假名或汉字写在同一格内。

正确例子：

	た	と	え	ば	、	何	か	分	か	ら	な	い	こ	と	が	あ	っ	た	ら、
す	ぐ	に	ス	マ	ー	ト	フ	ォ	ン	や	パ	ソ	コ	ン	で	調	べ	ら	れ
て	、	答	え	が	分	か	り	ま	す	。									

错误例子：

	た	と	え	ば	、	何	か	分	か	ら	な	い	こ	と	が	あ	っ	た	ら
、	す	ぐ	に	ス	マ	ー	ト	フ	ォ	ン	や	パ	ソ	コ	ン	で	調	べ	ら
れ	て	、	答	え	が	分	か	り	ま	す	。								

⑥ 拗音、促音等特殊假名各占一格，写在格子的左下方。

正确例子：

	今	日	李	さ	ん	と	い	っ	し	ょ	に	見	た	映	画	に	悲	し	い
シ	ー	ン	が	あ	り	ま	す	。											

错误例子：

	今	日	李	さ	ん	と	い	っ	しょ	に	見	た	映	画	に	悲	し	い	シ
ー	ン	が	あ	り	ま	す	。												

⑦ 数字使用阿拉伯数字，数字为两位数及以上时，一格内最多填写两个数字。

	3	千	4	百				
	20	21	年	9	月	8	日	

⑧“（ ）”、“「」”、“『』”，各占一格。“」”和“。”要写在同一格内。

正确例子：

「	田	中	さ	ん	、	平	井	大	の	新	曲	を	聞	き	ま	し	た	か。」	

错误例子：

「	田	中	さ	ん	、	平	井	大	の	新	曲	を	聞	き	ま	し	た	か。	」

标点符号使用方法

此处对日语作文中常用的几种标点符号的使用规则以及应注意的地方进行说明。

① 日语中的逗号是“、”，而不是“，”。

② 单引号“「」”，用于表示引用部分内容或者需要注意的内容。

例：①「この薬を日に三回飲んでください」と医者は注意してくださった。
②ルールブックに「カンニングしてはいけません」と書いてあります。

③ 双引号“『 』”，用于表示书名或者单引号内需要再用引号的时候。

例：①『狂人日記』は魯迅先生によって書かれました。
②「電話をしたとき、まず『はい、〇〇です』と言ってください」と子に教えました。

④ 省略号“…”，用于表示省略或说话人处于思考中的情况。

⑤ 在高考日语作文中，一般不用“！”、“?”。

字母书写

英文字母：一个大写英文字母占一格，两个小写英文字母占一格。

	「	H	ol	id	ay	」	と	い	う	曲	が	素	晴	ら	し	い	で	す	。

第二单元　写作方法

高考日语作文在2023年之前，不区分文体，考查单篇作文的书写。自2024新题型改革后，增加了一篇应用文的写作。

23年之前	一篇作文	分值：30分 字数：300～350字
新题型	两篇作文	小作文：分值：10分 （应用文）字数：80～120字 大作文：分值：30分 （常规作文）字数：280～320字

在2002—2021年这20年间全国统一卷高考日语真题作文题目中，大致可以将题型按日本常用写作方式归纳为：①选择类；②话题类；③应用类三大类型。话题类根据话题内容的不同可细分为常规文、感想文、图表文，应用类可细分为按信件、留言、纪要、介绍四小类。

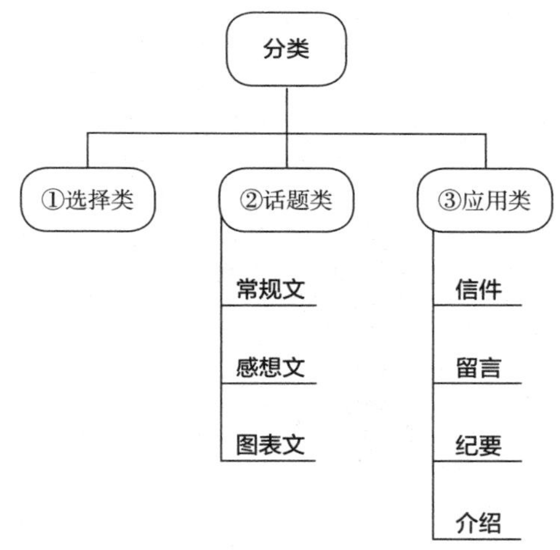

24年之后高考日语新题型做了调整，但是整体考察并没有太大的改变，我们只需要将应用类单独做练习加以熟练即可。本单元将按照新题型的出题顺序，先讲解应用文部分的写作，再讲解常规文的写作思路。

第一节　审题（归纳分类）

作为写作文的第一步，同学们在动笔书写之前首先需要仔细审题。通过审题梳理题目给出的各板块信息也是整理写作思路的过程。

审题包括给出的文字说明、题目以及写作要点及要求。通过对这些信息的分析，我们可以得出题目需要我们写的内容以及要求。特别是其中的写作要点，清晰明确地将需要写什么内容罗列给了我们。高考日语作文篇幅较短，根据写作要点作文的提纲基本就能成型。

接下来我们就先具体解析过去这20份全国卷的作文题目，如何根据题目区分选择类、话题类、应用类这三大类型。

真题解析

【选择类】

【2006年】

以下是日本某报社对「数学は人生の役に立つと思いますか」的问卷调查结果。请对这一问题表明你的观点并阐明理由。

役に立つ	78%
役に立たない	10%
どちらともいえない	10%
その他	2%

写作要点：

1. 表明你同意哪种观点。
2. 利用调查结果来说明你持有的这种观点的理由。
3. 举例支持你的观点。

写作要求：

1. 字数为300～350字。
2. 格式正确，书写清楚。
3. 使用「です・ます」体。

✧ 审题：

此篇作文题的特征是需要同学们明确回答自己的选择。即对「数学は人生の役に立つと思いますか」这一问题，结合调查结果需要表明自己选择一种观点并说明理由。这一类的题型在构思如何书写时只要阐述清楚观点然后说明理由、举例论证自己的观点即可。

【2008年】

在表述同一事物时，日语中有些词既可以使用汉语词，又可以使用外来语，比如：

> 教科書/テキスト、試験/テスト、演奏会/コンサート、体育/スポーツ等。你倾向于使用汉语词还是外来语，请谈一下你的看法。
>
> 写作要点：
>
> 1. 简单叙述上述现象。
> 2. 表明你的看法。
> 3. 说明你的理由。
>
> 写作要求：
>
> 1. 字数为300～350字。
> 2. 格式正确，书写清楚。
> 3. 使用「です・ます」体。
> 4. 不写作文题目。

✧ 审题：

此篇作文题有一处细节需要注意，写作要求里有一点跟其他作文题不同，本篇作文明确要求考生不写作文题目。一般情况下作文必须要写题目，忘记写题目会被扣分。除非像本题这样，明确标明不需要书写，或者像书信、便条之类本身格式上不需要书写题目的才可以不写题目。另外，本篇需要针对汉语词和外来词选择一个发表观点。就是需要同学们对倾向使用汉语词还是外来词选择一个，并说明理由。

【2011年】

> 关于在小学开设外语课，人们有不同的看法，请阅读下面的对话，以「小学生の外国語の勉強について」为题写一篇短文。
>
> 女：ねえ、知ってる？最近、小学生も外国語を習っているんだって。
>
> 男：えっ、小学生が？それはちょっとどうかなあ。
>
> 女：どうして？私は中学から英語を勉強して苦労したから、もっと小さいうちから英語を始めるほうがいいと思ってるんだけど。
>
> 男：でも、母国語もまだしっかりしていないのに外国語まで勉強したら、どっちもできなくなっちゃうよ。
>
> 女：でも、子供の時から外国で生活して、母国語も外国語も同じように話せる人、たくさんいるわよ。
>
> 写作要点：
>
> 1. 简单介绍你学外语的经历。

2. 结合你的经历，表明你对这一问题的看法。

3. 说明你持有上述看法的理由。

写作要求：

1. 字数300～350字。

2. 格式正确，书写清楚。

3. 使用「です・ます」体。

✧ **审题：**

通过对话内容可以了解到针对小学开设外语课，有持赞成意见的也有持反对意见的，需选择一个进行说明。本作文题要求以「小学生の外国語の勉強について」为题，结合自身的学外语的经历，来阐述自己是否赞同小学开设外语课。书写框架非常清晰，表明清楚自己的选择并说明理由即可。

【2013年】

最近，随着家电的普及，在家里也能欣赏到电影了。有人认为，看电影还是去有银幕（スクリーン）的影院好。还有人认为，在家里通过DVD等看电影也不错。请你以「映画はどこで見ればよいか」为题，写一篇短文。

写作要点：

1. 表明你的观点。

2. 阐明持有这种观点的理由。

3. 总结全文。

写作要求：

1. 字数为300～350字。

2. 格式正确，书写清楚。

3. 使用「です・ます」体。

✧ **审题：**

本作文题需要同学们针对看电影去电影院好还是在家好这一问题，做出自己的选择。以「映画はどこで見ればよいか」为题，表明自己的观点并说明理由。选择一个按要求逐步书写即可。

【话题类】

【2002年】

根据下面提示的内容，用第三人称写一篇题为「王小燕さんの喜び」的短文。

1. 王小燕家住农村，因父母生病，贫困失学。
2. 她想念学校，渴望读书。
3. 大家纷纷伸出援助之手。
4. 王小燕终于重返课堂，心里充满喜悦和感激之情。

注意事项：

1. 字数为300～350字。
2. 格式正确，书写清楚。
3. 使用「です・ます」体。
4. 所提示的内容必须在短文中体现出来。

✧ 审题：

以第三人称「王小燕さんの喜び」为题，围绕提示的内容这一个话题书写清楚即可。事实上总体就是围绕王小燕为何会「喜び」这一点来一步步构思。提示的内容也就相当于把作文的提纲列给了我们，该怎么书写也就不会混乱。

【2003年】

将下列会话改写成一篇叙述文。

3種の神器

A：今の日本の大学生にとって、3種の神器は何だと思う？

B：3種の神器？ああ、なくてはならないもの3つね。何かな……。まず、携帯電話でしょう。

A：正解。

B：運転免許証。

A：違う。

B：へ、そう？じゃ、何？ああ、これ。

A：うん。授業によっては、Eメールでレポートを提出することもあるし、インターネットは常識だよ。パソコンなんかは絶対必要よ。

B：じゃ、3番目は何だろう。エアコンかな。

A：じゃない。やっぱりテレビドラマの話ができなくては、仲間はずれ（不合群）になるよ。それにこのごろはチャンネル数も多いし、けっこう面白いよ。

B：そう？

注意事项：

1. 字数为300～350字。

2. 格式正确，书写清楚。

3. 使用「です・ます」文体。

4. 会话中所提示的主要内容必须在文章中体现出来。

✧ 审题：

本作文题的要求是将一段对话内容提炼要点之后以叙述的方式书写出来。以「3種の神器」为题，围绕三种神器这一话题按起承结的结构把要点梳理清楚体现在文章中即可。本篇是典型的改写文，关于三种神器的描述我们只需把内容的要点做提取并不需要阐述自己的观点，即同学们自己认为的三种神器具体是哪三种。

【2004年】

日本公司中午休息时间一般只有一个小时左右，除简单用餐外，剩余的时间他们如何安排呢？下图是日本公司职员主要的午休方式的统计结果（被调查者可做多项选择）。请根据该图表所提供的信息和表后的写作要点，以「日本の会社員の昼休み」为题，写一篇短文。

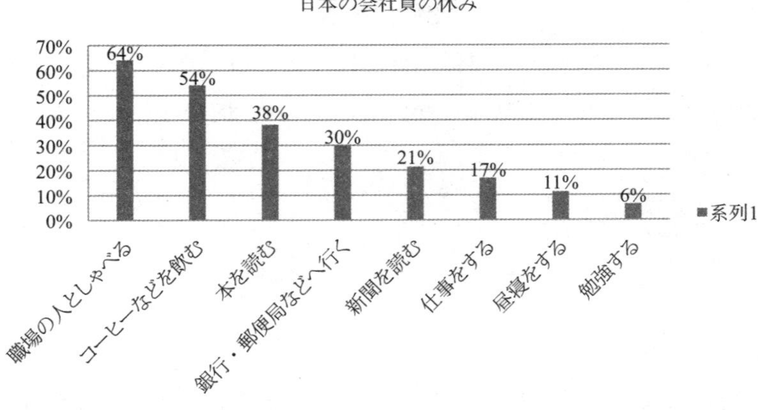

写作要点：

1. 为日本公司职员的主要午休方式排序。

2. 写出日本公司职员主要午休方式的特点。

3. 和你所了解的中国职员的午休方式做一简单比较。

4. 你对日本公司职员主要午休方式的印象或评价。

注意事项：

1. 字数为300～350字。

2. 格式正确，书写清楚。

3. 使用「です・ます」体。

4. 写作要点必须在短文中体现出来。

✧ 审题：

此篇作文题要求以「日本の会社員の昼休み」为题，根据图表信息把日本公司职员的主要午休方式进行排序并归纳出特点。此外，需要将它跟中国公司职员的午休方式做简单对比由此来评价日方的午休方式。虽然写作材料以图表题的形式呈现，但是图表只是起到提供信息的作用，整体围绕日本公司职员午休这一话题而展开。

【2005年】

下图是日本进入老龄化社会的一份调查。请根据该图表所提供的信息和图后的写作要点，以「日本の高齢化社会」为题，写一篇短文。

30
25
20
15
10
5
0

1930 40 50 60 70 80 90 2000 10 20

65岁以上
75岁以上

写作要点：

1. 图中所显示的具体情况。

2. 日本进入老龄化社会的特点。

3. 你对日本进入老龄化社会的看法。

写作要求：

1. 字数为300～350字。

2. 格式正确，书写清楚。

3. 使用「です・ます」体。

✧ **审题：**

本题与2004年真题一样也是篇图表题。要求以「日本の高齢化社会」为题，根据图表信息围绕日本老龄化这一话题进行展开书写。按起承的结构不仅需要把图表的数据信息进行说明，还得提炼归纳出特点。最后还需要对这一社会现象发表看法。

【2009年】

某机构对日本大学生的择业标准做了一次问卷调查，下图是此次调查的统计结果，请根据图中（グラフ）所提供的信息和写作要点，以「仕事を選ぶ時の基準について」为题，写一篇短文。

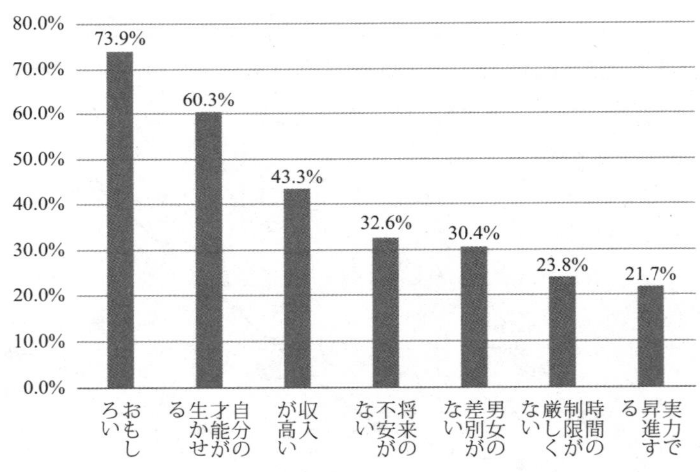

写作要点：

1. 对图中数据做一简单综述。

2. 简单分析日本大学生择业标准的特点。

3. 写出你对日本大学生择业标准的印象或评价。

写作要求：

1. 字数为300～350字。

2. 格式正确，书写清楚。

3. 使用「です・ます」体。

✧ **审题：**

本题也是图表类考题，以「仕事を選ぶ時の基準について」为题，围绕日本大学生择业标准这一话题来展开书写。根据写作要点，对图表数据进行描述分析，然后结合图表信息再发表自己对日本大学生择业标准的看法。

【2014年】

随着社会发展节奏的加快，我们与家人在一起的时间越来越少，甚至很少有时间与家人共同进餐，你对此有何感受？请以「家族で食事をとることについて」为题写一篇短文。
写作要点： 1. 简述你家的情况。 2. 表明你的看法。 3. 说明你的理由。 写作要求： 1. 字数为300～350字。 2. 格式正确，书写清楚。 3. 使用「です・ます」体。 4. 不得写出你自己及家庭成员的真实姓名。

✧ **审题：**

本题是让同学们围绕与家人共同进餐这一话题来书写作文。以「家族で食事をとることについて」为题，在不出现真实信息的前提下得把自家的情况做简单描述。考生只需要关于这一话题表明自己的看法并说明理由。通过梳理写作要点，提纲就了然于心，书写起来也就思路清晰。

【2015年】

请以「天気と私たちの生活」为题写一篇短文。 写作要点： 1. 写出天气与人类生活的关系。 2. 简单写出随着科技的进步，人类对天气认知情况的变化。

写作要求：

1. 字数为300～350字。

2. 格式正确，书写清楚。

3. 使用「です・ます」体。

✧ **审题：**

此篇作文题的文字说明内容较少，写作要点也属于比较笼统的描述，所以需要同学们自己细化要点的内容。所谓列提纲也就是列写作的要点，作文题里写作要点比较细化具体的，稍加梳理提纲也就自然成型。但是如本题这样比较笼统的，就需要思考从哪些角度去说明天气与人类生活的关系。以「天気と私たちの生活」这一话题，围绕天气与我们的生活这一话题，详细列一下提纲会更便于下笔。

【2016年】

高中三年，我们都在紧张的学习中度过，其实除了学习之外，很多人都希望有自己独立支配的时间，做自己想做的事情，请根据下面的写作要点，以「自由な時間があったら」为题写一篇短文。

写作要点：

1. 简单介绍你将如何支配自由时间。

2. 列举事例，具体说明。

3. 叙述你那样做的理由。

写作要求：

1. 字数为300～350字。

2. 格式正确，书写清楚。

3. 使用「です・ます」体。

✧ **审题：**

本题需要同学们以「自由な時間があったら」为题，畅想有自由时间后想做的事情。围绕自由时间这一话题，根据写作要点列提纲书写即可。

【2017年】

在现代社会中，人们总是在追求着自己的幸福。有了幸福感，生活才能丰富多彩。

但是，我们在追求幸福的时候往往忽视了那些细小的感受。请你以「細やかな（细小）幸せにも感謝の気持ち」为题，写一篇短文。

写作要点：

1. 举出几件你感到幸福的小事。

2. 谈谈你的感受。

3. 阐述你的观点。

写作要点：

1. 字数为300～350字。

2. 格式正确，书写清楚。

3. 使用「です・ます」体。

✧ **审题：**

本作文题围绕幸福的小事这一话题，首先列举几件同学们认为幸福的小事，然后从中阐述自己的观点。以「細やかな幸せにも感謝の気持ち」为题，根据写作要点梳理思路列好提纲即可书写。

【2018 年】

晴天时，我们可以安排丰富的户外活动。雨天时我们同样能够外出购物、看电影或会朋友等。雨天时，你会怎样安排自己的时间呢？请以「雨の日に」为题，写一篇短文。

写作要点：

1. 列举一两件你在雨天里所做的事情。

2. 叙述你当时的心情或感想。

写作要点：

1. 字数为300～350字。

2. 格式正确，书写清楚。

3. 使用「です・ます」体。

✧ **审题：**

此题要求以「雨の日に」为题，列举在雨天会做的事情并叙述当下的心情或感想。围绕雨天如何安排自己的时间这一话题，根据写作要点整理思路列提纲。关键要写好事例及对应的所感所想。

【2019年】

> 请以「最近読んだもの」为题，写一篇日语短文，介绍一本你最近读过的印象深刻的中文或日文书（或一篇文章）。
>
> 写作要点：
>
> 1. 简单介绍一下该书（或文章）。
>
> 2. 谈谈你介绍这本书（或文章）的理由或读后的感受。
>
> 写作要求：
>
> 1. 字数为300～350字。
>
> 2. 格式正确，书写清楚。
>
> 3. 使用「です・ます」体。

✧ 审题：

本作文题以「最近読んだもの」为题，围绕最近阅读过的印象深刻的书（或文章）这一话题来展开书写。根据要点不仅需要概述书（或文章）的内容，还得简要说明介绍该书（或文章）的理由或者阐述自己的读后感。简单理解就是书写读后感。

【2020年】

> 有许多数据以及研究表明，随着数字技术的发展，电子书的销售越来越乐观，纸质书会被电子书取代而消亡吗？哪个更好呢？这是一直被拿来讨论的问题。请以「紙の本と電子書籍について」为题，写一篇短文。
>
> 写作要点：
>
> 1. 叙述电子书的优势和劣势。
>
> 2. 叙述纸质书的优势和劣势。
>
> 3. 简述自己是如何看待两者的。
>
> 写作要求：
>
> 1. 字数为300～350字。
>
> 2. 格式正确，书写清楚。
>
> 3. 使用「です・ます」体。

✧ 审题：

本作文题围绕纸质书和电子书这一话题，要求我们分别叙述两者的优势和劣势。简述清楚纸质书和电子书各自的优劣后，再发表看法。此篇作文没有要求我们在纸质书和电子书中做出选择，需要分别对两个内容发表自己的看法。

【2022年】

这是各阶段学生与家庭交流的调查问卷结果，请你根据这份调查问卷结果，以「子どもと親のコミュニケーション」为题写一篇日语短文。

请描述下列图表的内容：

	よく話す	話す	話なし	無回答
小学生	59%	49%	2%	1%
中学生	45%	47%	6%	2%
高校生	38%	43%	9%	10%

写作要点：

1. 描述图表显示的内容。
2. 请结合自己的经验，分析并且谈谈自己和父母的交谈方式。
3. 你是怎么和父母交流的？

写作要求：

1. 字数为300～350字。
2. 格式正确，书写清楚。
3. 使用「です・ます」体。

✧ **审题：**

本题也是图表类考题，以「子どもと親のコミュニケーション」为题，围绕学生与家庭交流这一话题来展开书写。根据写作要点，对图表内容进行描述分析，然后结合图表信息再发表自己和父母之间的交流情况。

【2023年】

请以「我が家の主食」为题，写一篇日语短文。

キーワード：ご飯、饅頭、麺、ギョウザ

写作要点：

1. 介绍自己家的主食和饮食习惯。

2. 主食与我家的故事。

写作要求：

1. 字数为300～350字。

2. 格式正确，书写清楚。

3. 使用「です・ます」体。

✧ **审题：**

本作文题以「我が家の主食」为题，围绕自己家的主食这一话题来展开书写。根据要点先描述自己家的主食，然后分享与主食相关的故事。

【应用类】

【2007年】

假设你是李平，代表全班前往医院看望铃木同学。请根据你看望铃木时的对话，以「鈴木さんへのお見舞い」为题，用第一人称写一篇班级通讯。

李平：どうですか、具合は。

鈴木：いやあ、足の骨、折っちゃってね。

李平：たいへんでしたね。でもお元気そうですね。この花、みなさんの気持ちなんですけど。

鈴木：やあ、どうも。

李平：あ、じゃ、ちょっとこれ、花瓶に入れてきます。

鈴木：うれしいなあ。どうもありがとう。

李平：鈴木さん、自転車に乗ってたんですね。

鈴木：うん。

李平：気をつけてくださいね。自転車も危ないから。で、まだ痛むんですか。

鈴木：うん、すこしね。でも、単純骨折だからすぐ治るって、医者が言ってた。

李平：で、いつごろ退院できるんですか。

鈴木：あと一週間ぐらいかな。

李平：じゃ、そろそろ。

鈴木：きょうはほんとうにありがとう。みなさんによろしく。

李平：はい。じゃ、どうぞお大事に。

写作要求：

1. 字数为300～350字。

> 2. 格式正确，书写清楚。
>
> 3. 使用「です・ます」体。

✧ **审题：**

本作文题要求以「鈴木さんへのお見舞い」为题写一篇通讯。就需要在字数范围内，根据对话内容详细叙述李平作为代表探望铃木同学这件事。所谓通讯是新闻报道的一种体裁，属于特殊文体。

【2010年】

> 在日常生活中，普通话和方言都在使用，同学们对此看法不一。针对这个问题，班里将召开日语讨论会。请你以「共通語と方言」为题写一篇发言稿，谈谈自己的看法。
>
> 写作要点：
>
> 1. 阐述普通话和方言各自的作用。
>
> 2. 分析普通话和方言都在使用的原因。
>
> 3. 表明你的看法。
>
> 写作要求：
>
> 1. 字数为300～350字。
>
> 2. 格式正确，书写清楚。
>
> 3. 使用「です・ます」体。

✧ **审题：**

本题的题型是要求书写一篇日语讨论会的发言稿。以「共通語と方言」为题，按照写作要点把两者的作用和都在使用的原因说明清楚后表明自己看法即可。需要注意的是发言稿是用来演说的文字，属于特殊文体，所以在分析说明时更要条理清晰，这样才会更有说服力。与一般的文章相比适当用疑问句或能引起共情的表达会更合适。

【2012年】

> 假设你是孙翔宇，正在日本人家短期寄宿（ホームステイ）。房东田中太太现在不在家。你有事要外出，请你用日语给房东写一个便条，要点如下：
>
> 1. 晚6点之前回来。
>
> 2. 房东交办的①去市立图书馆还CD；②去超市买麻婆豆腐调料（マーボー豆腐のも

と），两事均已办妥。调料已经放入冰箱。

3. 有个叫山口的人来电话说，原定明天中午一起吃饭的事因故取消，并且已通知了其他相关人员，晚上会再打电话来。

写作要点：

1. 写出留便条的理由。

2. 表述清楚以上3项内容。

3. 写出结束语。

写作要求：

1. 不要只简单地将便条要点逐条列出，如①，②，③……

2. 字数为300～350字。

3. 格式正确，书写清楚。

4. 使用「です・ます」体。

✧ 审题：

本篇题目需要以房客的身份给房东留写便条。也是属于特殊文体，除了交代清楚留便条的理由及表述要点内容外，还得特别注意开头和结尾的格式。

【2021年】

假如你是李明，你们班将于10月15日周五下午2～5点举办中日学生交流会，届时希望日本留学生谈一谈"日本人眼中的中国"，请你给日本留学生山本发一封电子邮件，邀请他及他的朋友（2～3人）来参加。

写作要点：

1. 介绍交流会的基本内容。

2. 写明邀请的原因。

3. 发出邀请。

写作要求：

1. 字数为300～350字。

2. 格式正确，书写清楚。

3. 使用「です・ます」体。

✧ 审题：

此篇作文需要同学们书写一份电子邮件，属于特殊文体。关于邮件的具体内容写作要求里罗列得非常明确。比起内容，电子邮件的格式是否能书写正确是本题的难点。

通过以上的审题解析，我们把例如2006年、2008年那样题目明确需要同学们对某一问题进行选择回答的题型称为选择类；整体是围绕某一话题根据写作要点展开书写的题型称为话题类；此外，把通讯稿（2007年）、便条（2012年）、电子邮件（2021年）等特殊文体类题型称为应用类。

下表是按此分类标准，归纳总结的2002—2021年（全国统一卷高考日语作文）真题：

真题年份	分类	真题年份	分类	真题年份	分类	真题年份	分类
2002	话题类	2008	选择类	2014	话题类	2020	话题类
2003	话题类	2009	话题类	2015	话题类	2021	应用类
2004	话题类	2010	应用类	2016	话题类	2022	话题类
2005	话题类	2011	选择类	2017	话题类	2023	话题类
2006	选择类	2012	应用类	2018	话题类		
2007	应用类	2013	选择类	2019	话题类		

通过以往的数据表明，在23年之前三大类型中话题类占了六成之多，选择类和应用类各占了两成。新题型的改革，则将应用文改为必考题型，同学们只需区分清楚选择类和话题类的题型即可。那么接下来我们先来看看应用文的书写方式。

第二节 小作文（应用文）书写结构

应用文包含邮件、通讯、便条、纪要等题型。这一类别具有特殊性，一般具有固定的格式并且需要运用到敬语。

敬语分为：尊他语、自谦语、郑重语。

分类	尊他语	自谦语	郑重语
用法	通过提高听话人或话题中出现的尊长及与尊长有关的动作、状态和事物，以表示尊敬	通过降低说话人自己或与自己有关的动作、状态和事物（前提是这些动作等涉及尊长），间接地对听话人或话题中的人物表示尊敬	以客气、礼貌、文雅、郑重的语气态度和人谈话，来表示对听话人的敬意，体现说话人的教养

①尊他语

1. 表示尊他的名词：どなた、方、方々、こちら、そちら、あちら、どちら等。

例：あの方、日本の方々

2. 表示尊他的前缀：お～、ご～

お＋训读名词

例：お手紙　お宅

ご＋音读名词

例：ご両親　ご家族

3. 表示尊他的后缀：～さん、～様、～がた

4. 表示尊他的动词被动形：れる・られる

5. 表达尊他的敬语表达句式：

① お＋一类[❶]二类[❷]动词ます形去ます＋になる

ご＋三类[❸]动词词干＋になる

② お＋一类二类动词ます形去ます＋なさる

ご＋三类动词词干＋なさる

③ お＋一类二类动词ます形去ます＋です（でございます）

ご＋三类动词词干＋です（でございます）

④ お＋一类二类动词ます形去ます＋くださる

---

❶ 一类动词：即五段动词。
❷ 二类动词：即一段动词。
❸ 三类动词：即サ变动词「する」和カ变动词「来る」。

ご＋三类动词词干＋くださる

⑤お＋一类二类动词ます形去ます＋ください

ご＋三类动词词干＋ください

6. 表示尊他语的动词

动词原形	对应尊他语	例句
来る　行く　いる	いらっしゃる おいでになる おいでる	1. お客様は受付にいらっしゃいました。 2. お客様が全員集まっていらっしゃいました。 3. 大阪から東京へいらっしゃいまして、お疲れ様でした。 4. パーティーにはお客さんがたくさんおいでになりました。 5. ここはお客さんがおいでになる時に使います。
来る	見える	課長は会社にいつ見えますか。
言う　話す	おっしゃる	全くおっしゃったとおりです。
する　やる	なさる	先生は日曜日にはどんなことをなさいますか。
食べる　飲む	召し上がる	1. そのまま召し上がってください。 2. お酒を召し上がることが多いですか。
見る　読む	ご覧になる	この写真を皆さんもご覧になったと思います。
くれる	くださる	校長先生は新しい本をくださいました。

②自谦语

1. 表示自谦的名词：わたくし、者。

例：わたくしはガス会社の者です。

2. 表示自谦的后缀：～ども、～ら。

例：私ども、僕ら

3. 表示自谦语的表达句式

①お＋一类二类动词ます形去ます＋する

ご＋三类动词词干＋する

②お＋一类二类动词ます形去ます＋いただく

ご＋三类动词词干＋いただく

③お＋一类二类动词ます形去ます＋願う

ご＋三类动词词干＋願う

4. 表示自谦语的动词

动词原形	对应的自谦语	例句
する　やる	致す	1. それじゃ、私が致しましょう。 2. 入学のご紹介をいたします。
来る　行く	参る　伺う	1. 明日お宅へ挨拶に参ります。 2. 私はいつでも伺います。
言う	申す　申し上げる	1. 私個人の感想を申します。 2. 一言挨拶を申し上げます。
見る　読む	拝見する	お手紙を拝見します。
知る　思う　考える	存じる	そのことについては、私は少しも存じません。
聞く　尋ねる　訪ねる	伺う	1. 先生に分からないところを伺いました。 2. 昨日先生の家を伺いました。
借りる	拝借する	先生、この本は拝借してもいいですか。
食べる　飲む	いただく	1. お腹がいっぱいで、もういただけません。 2. お茶をいただきたいんですが。
もらう	いただく	これは先生からいただいた辞書です。
やる　あげる	差し上げる	抽選でプレゼントを差し上げます。
いる	おる	はい、おります。少々お待ちください。
会う	お目にかかる	昨日水谷先生にお目にかかりました。
見せる	お目にかける	旅行の写真を先生にお目にかけました。

③郑重语

1. 表示郑重的前缀：お　ご

例：お菓子　ご飯

2. 表示郑重的语体：です・ます体

3. 表示郑重的动词：

动词原形	对应的郑重语	例句
ある	ござる	文房具は五階にございます。
いる	おる	こちらは雨が追っておりますが、そちらはいかがですか。
行く　来る	参る	三月に入ってからだんだん暖かくなってまいりました。

一、信件

信件主要包括书信及邮件两大方向。而其中又根据内容分为感谢信、邀请函、祝贺信、申请信、建议信等。

下列为书信及邮件的格式及内容参考。

书信格式参考

○○さん（顶格书写）

こんにちは。李と申します。

正文

结束语

年　月　日

○ ○○/（○ ○）

书信内容参考

部分	结构	写作重点
开头	起	1. 收信人称谓，需单独成行，顶格书写，表示尊重和礼貌。 2. 简单寒暄（应先对对方表示谢意或询问近况，表示关怀）。 3. 表明身份。
正文	承	信的主要内容。寄信人要向收信人询问、回答、叙述的内容。需按照写作要求进行调整。 注意事项： 1. 先说明写信理由。 2. 自己的事与对方的事要分开写（分段）。回答对方问题要有针对性等。（注意：当提及双方行为以及状态时需要注意敬语的使用）

续表

部分	结构	写作重点
结尾	结	1. 结束语（表示祝愿或敬意）。 2. 日期：书信的倒数第二行。应写在正文结尾的左方空两格的位置。 3. 署名：书信的最后一行，署上写信人的姓名。应写在正文结尾的右方空一格的位置。

邮件格式参考

件名：（顶格书写）

○○さん（顶格书写）

こんにちは。李と申します。（顶格书写）

正文（顶格书写）

结束语（顶格书写）

○ ○○/（○ ○）

邮件内容参考

部分	结构	写作重点
开头	起	1. 件名。（邮件名）写明主题。 2. 收件人称谓，需单独成行，顶格书写，表示尊重和礼貌。 3. 简单寒暄（应先对对方表示谢意或询问近况，表示关怀）。 4. 表明身份。
正文	承	邮件内容不宜铺垫过多，表明自己身份后，就可以直接表述邮件目的，条理清晰，以便对方更快理解邮件内容。

续表

部分	结构	写作重点
结尾	结	1. 结束语。 2. 署名。

信件中常用寒暄表达

寒暄（开头）	分类	常用表达
	1. 去信	拝啓、謹啓、拝呈、粛啓 一筆申し上げます。 葉書で失礼いたします。 ご無沙汰しております。 お世話になりました。
	2. 回信	拝復、謹復 お手紙ありがとうございます。 お手紙拝見しました。 丁寧にご返事いただき、誠にありがとうございます。
	3. 省略前文	略啓 前略 冠省 前文ごめんください。 前略ごめんください。 前文失礼します。
	4. 初次寄信	突然の手紙ですが、失礼いたします。 突然のお手紙差し上げますが、失礼をお許しください。 初めてお手紙を差し上げます。 お忙しいところ、突然のメール失礼いたします。
	5. 紧急情况	急啓 急呈 急白 取り急ぎ申し上げます 早速ですが 突然ですが
	6. 春节，新春	新春を寿ぎ、ご挨拶申し上げます。 謹んで年頭のご挨拶を申し上げます。 皆様ご壮健で、良き新年をお迎えのこととお喜び申し上げます。 皆様お揃いで、穏やかな正月をお迎えのことと存じます。 元旦にはご丁寧な年始のご挨拶をいただき、誠にありがとうございました。

续表

寒暄（开头）	分类	常用表达
	7. 春季	季节惯用： 酷寒の候 厳寒の候 初春の候 寒冷の候 大寒の候 例句： 酷寒のみぎり、ますますご清栄のこととお喜び申し上げます。 初春の候、ますますご健勝のこととお喜び申し上げます。 厳しい寒さが続きますが、皆様にはご壮健にてお過ごしのこととお喜び申し上げます。 大寒を迎え、いよいよ冬将軍の到来でございます。皆様、お風邪など、めされていらっしゃいませんか。 寒の入りも過ぎ、いよいよ寒さも本番を迎えました。皆様、いかがお過ごしでしょうか。 いよいよ寒さも本番となりました。皆様、いかがお過ごしでしょうか。
	8. 夏季	季节惯用： 炎暑の候 猛暑の候 酷暑の候 烈暑の候 極暑の候 例句： 盛夏の候、皆様ご健勝でお過ごしのこととお喜び申し上げます。 大暑のみぎり、皆様お変わりなくお過ごしのことと存じます。 今年の暑さは格別ですね。皆様お変わりありませんか。 連日の炎暑でございます。お変わりなくお過ごしでしょうか。 本格的な暑さを迎え、ますますご壮健でご活躍のこととお喜び申し上げます。 例年にない冷たい夏となりましたが、皆様ご清祥のことと拝察いたします。
	9. 秋季	季节惯用： 残暑の候（折、みぎり。以下も同じ） 残夏の候 晩夏の候 立秋の候 向秋の候 例句： 残暑お見舞い申し上げます。 残夏の候、ますますご清祥のこととお喜び申し上げます。 猛暑の折から、ご家族の皆様はお元気でいらっしゃいますか。

续表

寒暄（开头）	分类	常用表达
	9. 秋季	連日の熱帯夜が続いています。いかがお過ごしでしょうか。 晩夏の侯、ご家族の皆様お健やかにお過ごしのことと存じます。 めずらしく冷たい夏になりましたが、皆様お変わりなくお過ごしでいらっしゃいますか。
	10. 冬季	季节惯用： 歳末の侯 年末の侯 歳晩の侯 初冬の侯 寒冷の侯 例句： 新雪の侯、寒さも本格的になってまいりました。皆様、お風邪をめしていらっしゃいませんか。 初冬のみぎり、皆様には、ますますご清祥でご活躍のこととお喜び申し上げます。 例年にない暖かい師走となっております。皆様、お変わりございませんか。 師走に入り、ますますご活躍のことと拝察いたします。 御用納めまで残すところあとわずかとなりました。さぞかしご多忙のこととお見舞い申し上げます。

寒暄（结尾）	祝你万事如意	すべてに順調でありますように
	祝你身体健康	ご健康を
	祝你幸福	ご多幸を
	祝你健康幸福	ご健康とご多幸をお祈りいたします
	顺祝安康	安らかに
	祝你进步	前進を祝して
	祝你学习进步	学業の進歩を
	祝你工作顺利	仕事が順調に行きますように
	祝你顺利	順調なことを
	祝你安好	ご平安を
	祝你一切顺利	ご機嫌よう
	祝你取得更大成绩	ご立派な成果を
	此致敬礼	敬具
	顺致敬意	敬意を表して

续表

寒暄（结尾）	祝你合家平安	ご一同の平安を
	顺致崇高的敬意	最上の敬意を込めて
	顺致良好的祝愿	良かれと祈りつつ
	祝贵社生意兴隆	貴社の業務の発展を祈念して
	祝贵公司繁荣昌盛	貴社のご繁栄を祝して
	恭贺新春之禧	謹賀新年
	祝你新年愉快	新年を楽しく
	祝你新年愉快	新年おめでとうございます
	新年好	新年おめでとう
	顺祝节日快乐	また、祭り日が楽しい日でありますように
	顺祝节日安好	祝日のお祝いを申し述べます
	顺祝新春安好	新春を安らかに
	敬祝春安	春の安らぎを
	给您添麻烦了，请多关照	お手数をおかけしますが、何卒宜しくお願い致します
	敬候佳音	ご返信をお待ちしております。何卒宜しくお願い致します
	今后还请多多指教	引き続きよろしくお願いいたします

真题欣赏【2021年】

假如你是李明，你们班将于10月15日周五下午2～5点举办中日学生交流会，届时希望日本留学生谈一谈“日本人眼中的中国”，请你给日本留学生山本发一封电子邮件，邀请他及他的朋友（2～3人）来参加。

写作要点：

1. 介绍交流会的基本内容。

2. 写明邀请的原因。

3. 发出邀请。

写作要求：

1. 字数为300～350字。

2. 格式正确，书写清楚。

3. 使用「です・ます」体。

【范文参考】

件名：中日学生交流会のご案内
山本さん
突然のメールですが、失礼いたします。
いつもお世話になっております。二年生の李明です。
さて、この度、うちのクラスでは「日本の方から見る中国」という課題について中日学生交流会を開催することになりました。開始時間は金曜日で、つまり、１０月１５日の午後２時から５時までです。山本さんは日本の方ですから、もっと客観的に中国を評価することができます。
つきまして、山本さんともっと親睦になりますように、お忙しいところ恐縮ですが、ぜひともご出席いただきたいと思います。もしよろしければ、山本さんのお友達も一緒に来ていただきたいです。
ご返信をお待ちしております。何卒宜しくお願い致します。
李明

范文分析

部分	包含要素	字数
开头	1. 邮件名：中日学生交流会のご案内 2. 收件人称谓：在姓氏后加上「さん」以表示尊敬。 3. 简单寒暄：其中关乎说话人自己行为时，采用自谦的说法，表达说话人的尊敬。例如：「いたします」、「〜ております」等。 4. 表明身份。	60字
正文	1.说明具体内容。 2. 简述发邮件理由。	240字
结尾	1. 结束语。 2. 署名。	29字

【模拟范文 1】

高考后进入理想中的大学。请给当初的高中日语老师写一封感谢信。
写作要点：
1. 写明写信原由。
2. 对老师进行感谢。

写作要求：

1. 短文的字数为80～120字左右。
2. 格式正确，书写清楚。
3. 文体使用「です・ます」体。

【范文参考】

鈴木先生

お久しぶりです。お元気ですか。私は李明と申します。

高校三年間でいろいろお世話になりました。その時英語の学習にはもう絶望的になった私を助けてくださってありがとうございます。先生のおかげで、大学入試でいい点数を取って、理想の大学に入りました。本当に感謝しております。

ご健康とご多幸をお祈りいたします。

2021年9月20日

李明より

范文分析

部分	包含要素	字数
开头	1. 收件人称谓：鈴木先生 2. 简单寒暄：ご無沙汰しています。お元気ですか。用到了表示尊他的表达句式：お～です。 3. 表明身份：私は李明と申します。	29字
正文	1. 说明理由。其中关乎到老师的行为用上了尊他的表达形式。例如：くださる等。 2. 表达感谢。其中与说话人自己有关的动作及状态采用了自谦的表达形式。例如：ております。	105字
结尾	1. 结语：ご健康とご多幸をお祈りいたします。ご健康、ご多幸等用到了尊他语的表达，体现了作者的敬意和礼貌。 2. 日期，寄信人。	31字

草稿栏

1. 开头格式以及寒暄。

2. 你最近发生了什么事情想与老师交流？

3. 为什么想给老师写信？

4. 对老师表达感谢。

5. 结尾寒暄以及日期署名。

练一练

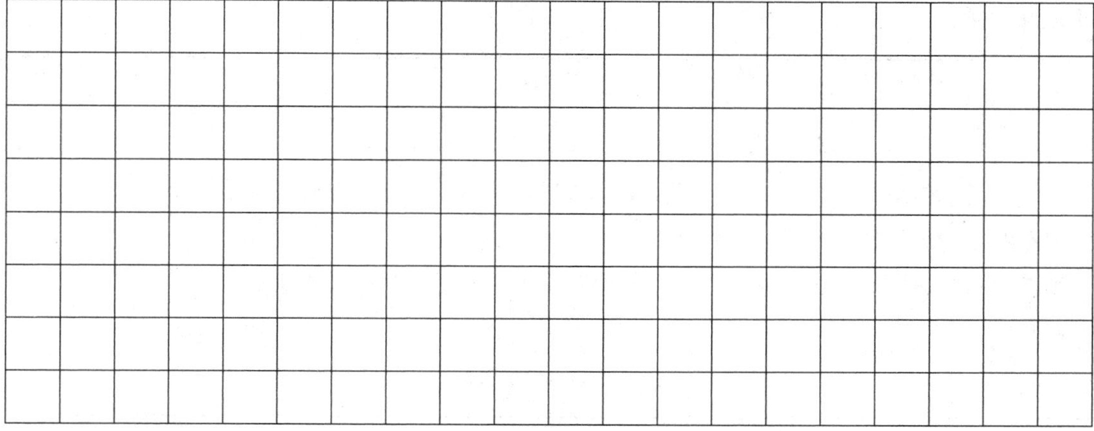

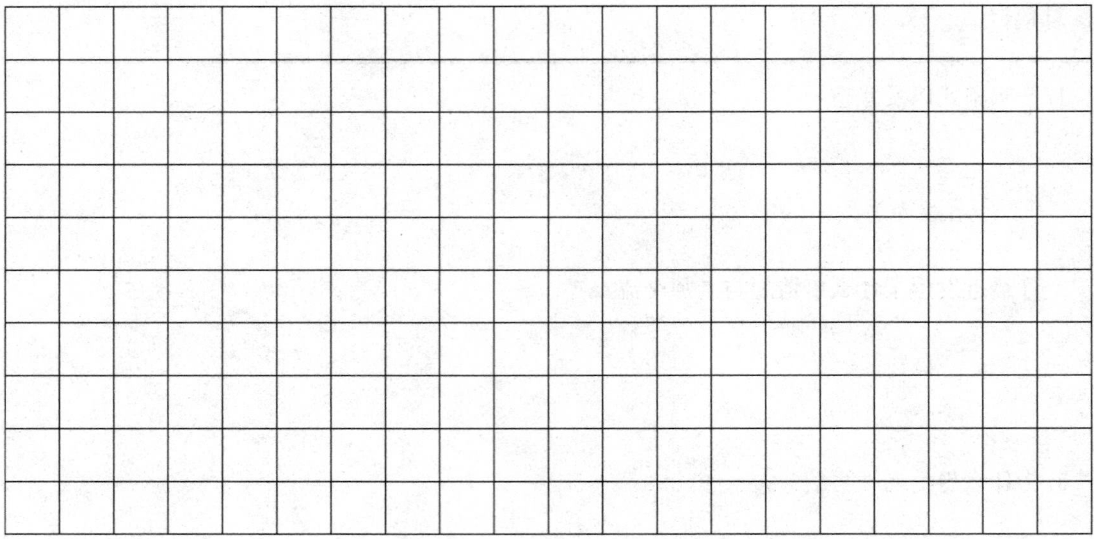

【模拟范文 2】

今天身体状况不太好，请写一篇请假条，向老师请假。

写作要点：

1. 交代请假原由。

2. 交代时间情况。

写作要求：

1. 短文的字数为80～120字左右。

2. 格式正确，书写清楚。

3. 文体使用「です・ます」体。

【范文参考】

田中先生

お忙しいところ、突然のメール失礼いたします。三年２組の李明と申します。

本日の先生の授業についてなのですが、実は、今日はちょっと乾いた咳があるし、熱も出るから、一日休ませていただけないでしょうか。

お手数をおかけして申し訳ございませんが、よろしくお願いします。

12月29日

李明より

范文分析

部分	包含要素	字数
开头	1. 称谓：田中先生。 2. 寒暄：お忙しいところ、突然のメール失礼いたします。 3. 表明身份：三年２組の李明と申します。自我介绍时用到了「言います」的自谦语「申します」。	29字
正文	说明理由。由于身体原因不能参加田中老师的课程。用「実は」引出理由。并用「させていただけないでしょうか」的自谦表达来表示对老师的尊敬。	105字
结尾	1. 表示歉意。对于不能参加老师的课程表示歉意。其中运用「お～」「お～する」等表示自谦的表达形式，来表达对老师的尊敬。 2. 日期，署名。	31字

草稿栏

1. 开头格式以及寒暄。

2. 你因为什么事情要请假?

3. 你要请多久，会旷课几节?

4. 请求老师同意。

5. 结尾寒暄以及日期、署名。

✎ **练一练**

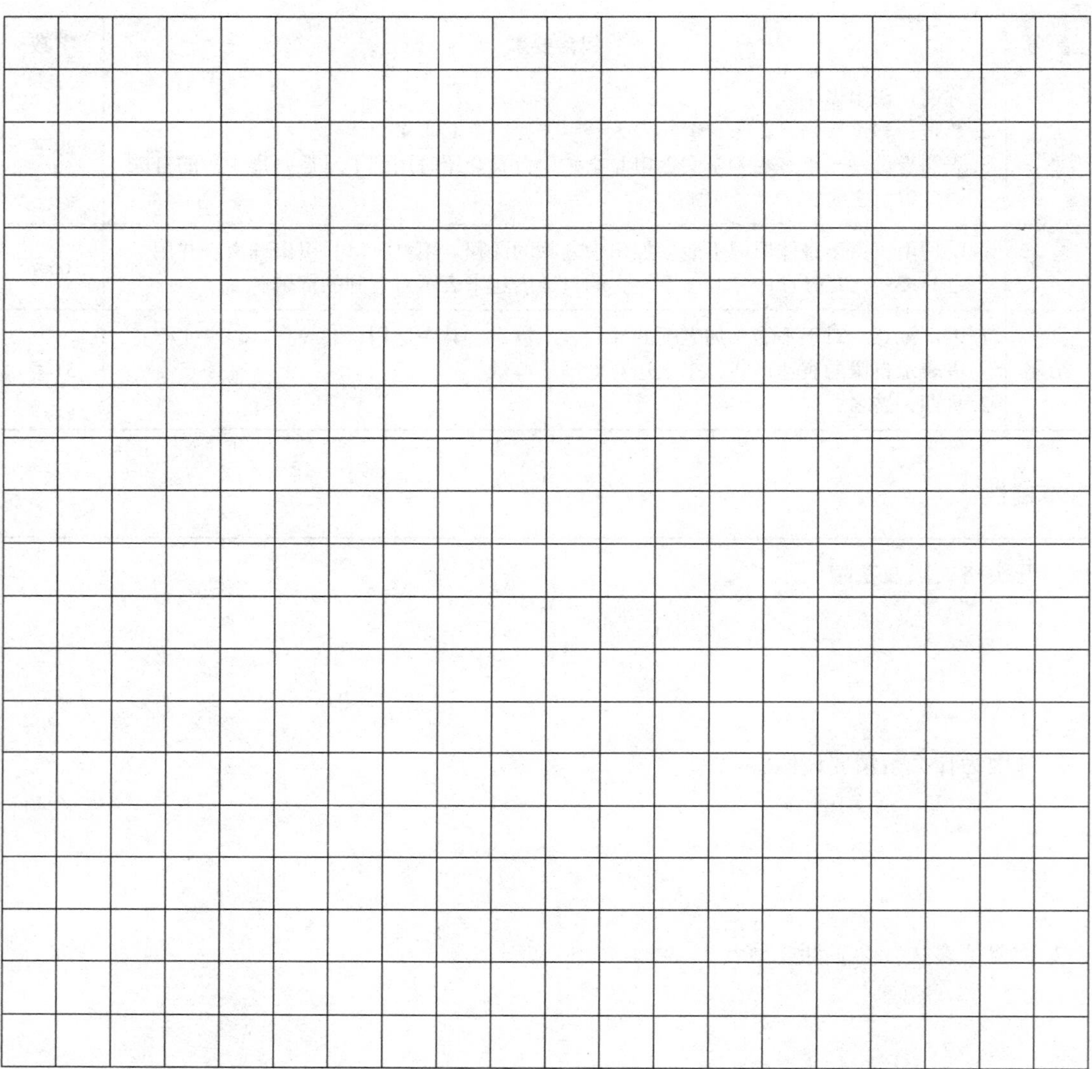

二、留言

留言类型的题型一般包含：便条、留言条、电话转述条等。

留言内容参考

部分	写作重点
开头	1. 收便条人（需要在称谓后加上へ）。 2. 简单寒暄。 3. 表明身份。

续表

部分	写作重点
正文	1. 与信件类相似，涉及到他人或自己的行为动作时需要注意敬语的使用。 2. 内容表达清晰，先说明对方的事再说自己的事。
结尾	1. 结束语。 2. 日期。 3. 署名。

真题演练【2012年】

假设你是孙翔宇，正在日本人家短期寄宿（ホームステイ）。房东田中太太现在不在家。你有事要外出，请你用日语给房东写一个便条，要点如下：

1. 晚6点之前回来。

2. 房东交办的①去市立图书馆还CD；②去超市买麻婆豆腐调料（マーボー豆腐のもと），两事均已办妥。调料已经放入冰箱。

3. 有个叫山口的人来电话说，原定明天中午一起吃饭的事因故取消，并且已通知了其他相关人员，晚上会再打来电话。

写作要点：

1. 写出留便条的理由。

2. 表述清楚以上3项内容。

3. 写出结束语。

写作要求：

1. 不要只简单地将便条要点逐条列出，如①，②，③……

2. 字数为300～350字。

3. 格式正确，书写清楚。

4. 使用「です・ます」体。

【范文参考】

田中さんへ

こんにちは。

ホームステイの孫翔宇です。

今日は用事がありますから、ちょっと出かけたいと思います。これから、図書館へ行ってパソコンの操作について本を借りに行きたいと思います。夜6時までに帰ってきます。

頼まれたことですが、CDはすでに私立図書館に返しました。そして、マーボー豆腐のもとも買ってきまして、とりあえず冷蔵庫に入れておきました。ご安心ください。辛いほうが好きだと存じておりますから、とても辛いのを買いました。今晩の夕食が楽しみです。それから、午前中に山口さんという方からお電話がありました。明日の食事会のことですが、山口さんのご都合により、やめることになりました。なお、このことは関係者全員に伝えてあるそうです。山口さんは夜にまたお電話をかけてくるとおっしゃいました。

それでは、行ってきます。

6月8日

孫翔宇より

范文分析

部分	包含要素	字数
开头	1. 收便条人称谓：田中さんへ。需要在称谓后加上へ。 2. 简单寒暄。 3. 表明身份。	24字
正文	1. 写明留便条的原因。 2. 根据题目要求，告知需传达的具体内容。在描述关乎他人的行为及状态时需要用到尊他的表达形式。例如：「ご安心ください」、「田中さんという方」、「お電話」等。	315字
结尾	1. 结束语。 2. 日期。 3. 署名。	21字

草稿栏

1. 开头格式以及寒暄。

2. 你因为什么原因要写便条？（有什么事情？）

3. 房东拜托你的事情是什么，你把事情完成了吗？

4. 有新的情况需要和房东传达的吗？

5. 结尾寒暄以及日期、署名。

✎ **练一练**

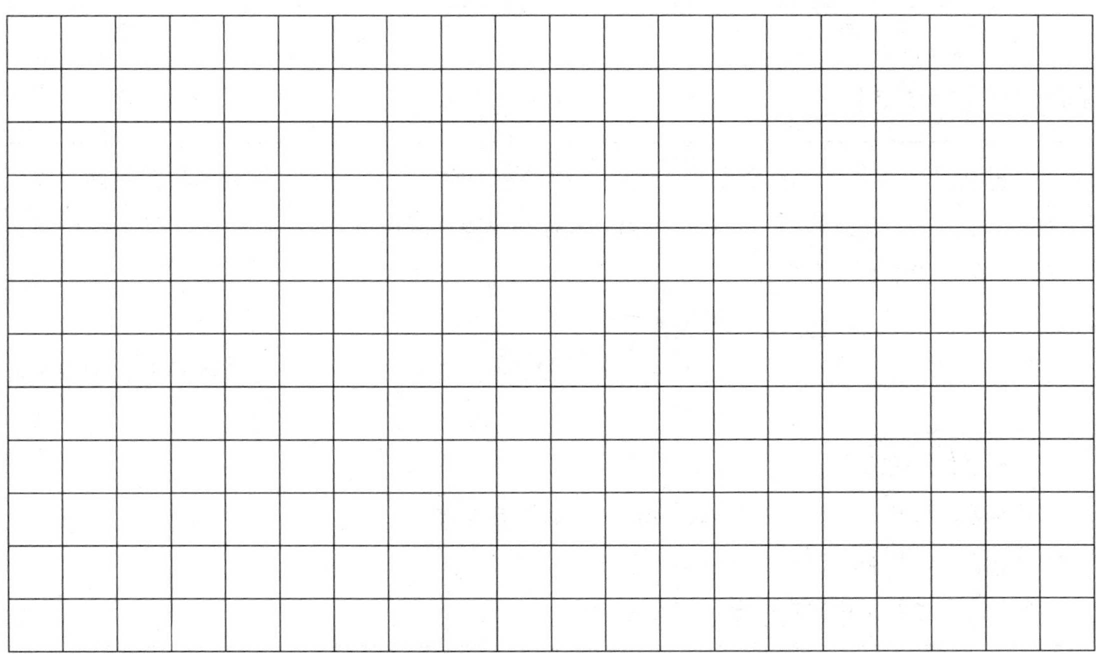

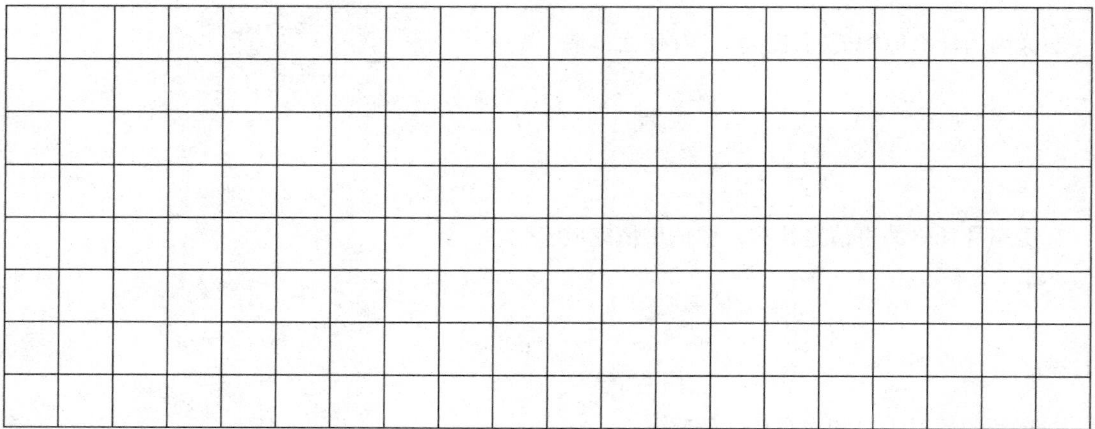

三、纪要

纪要类型的题型在高考中，一般以通讯文的方式出现 。

纪要参考表

部分	结构	写作重点	参考字数
开头	起	描述背景。	50字左右
正文	承	主要根据题目所给信息及要求进行书写。	300字左右
结尾	结	总结全文。	50字左右

真题演练【2007年】

假设你是李平，代表全班前往医院看望铃木同学。请根据你看望铃木时的对话，以「鈴木さんへのお見舞い」为题，用第一人称写一篇班级通讯。

李平：どうですか、具合は。

鈴木：いやあ、足の骨、折っちゃってね。

李平：たいへんでしたね。でもお元気そうですね。この花、みなさんの気持ちなんですけど。

鈴木：やあ、どうも。

李平：あ、じゃ、ちょっとこれ、花瓶に入れてきます。

鈴木：嬉しいなあ。どうもありがとう。

李平：鈴木さん、自転車に乗ってたんですね。

鈴木：うん。
李平：気をつけてくださいね。自転車も危ないから。で、まだ痛むんですか。
鈴木：うん、すこしね。でも、単純骨折だからすぐ治るって、医者が言ってた。
李平：で、いつごろ退院できるんですか。
鈴木：あと一週間ぐらいかな。
李平：じゃ、そろそろ。
鈴木：きょうはほんとうにありがとう。みなさんによろしく。
李平：はい。じゃ、どうぞお大事に。
写作要求：
1. 字数为300～350字。
2. 格式正确，书写清楚。
3. 使用「です・ます」体。

【范文参考】

鈴木さんへのお見舞い

昨日、皆さんの心配している気持ちを伝えたくて、クラス全員を代表して、病気で休んだ鈴木さんをお見舞いに行ってきました。

入院してから、ずっと一人で寂しいでしょうかと思ったら、元気そうな鈴木さんの顔を見て、安心しました。そして、すぐ病状を聞きました。お医者さんの話では、足が骨折したが、よく休めばすぐ治るそうです。今はまだ少し痛いですが、あと一週間ぐらいで、退院できるそうです。そして、鈴木さんを早く治るように、皆さんの気持ちを込めるお花を送りました。その花を見て、鈴木さんはすごく喜んでくれました。

今度は自転車に乗っていた時の交通事故なので、皆さんもこれから、自転車の利用や歩道で歩いている時、ご注意ください。

范文分析

通讯文需要在审题时掌握题目所给的关键信息（红色划线处）。因此文是同学（同级）之间，所以不需要采用尊他的表达形式。

部分	包含要素	字数
开头	介绍背景。交代时间以及做的事情。	58字

续表

部分	包含要素	字数
正文	1. 首先描述铃木的身体状况。 2. 说明铃木住院的原由。 3. 对接下来铃木的情况进行总结。	189字
结尾	对此事件进行延伸教育，提醒其他同学。	56字

草稿栏

1. 你做了什么事情，什么时候去的？

2. 铃木他最近情况怎么样，是为什么受伤的？

3. 你是怎么向铃木传达同学们的心情的？

4. 铃木骑车受伤，这件事情你应该让同学们注意什么？

练一练

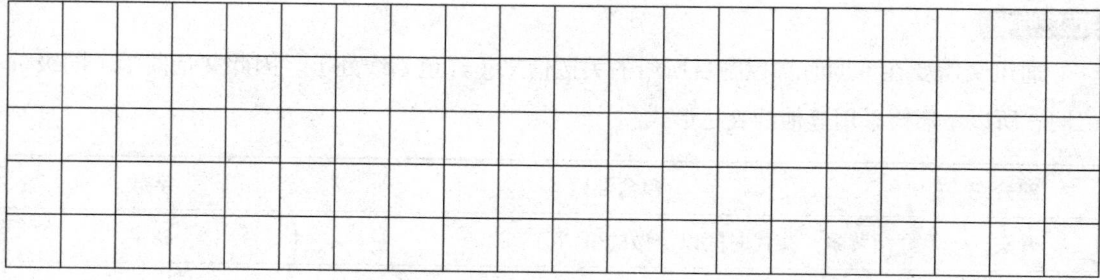

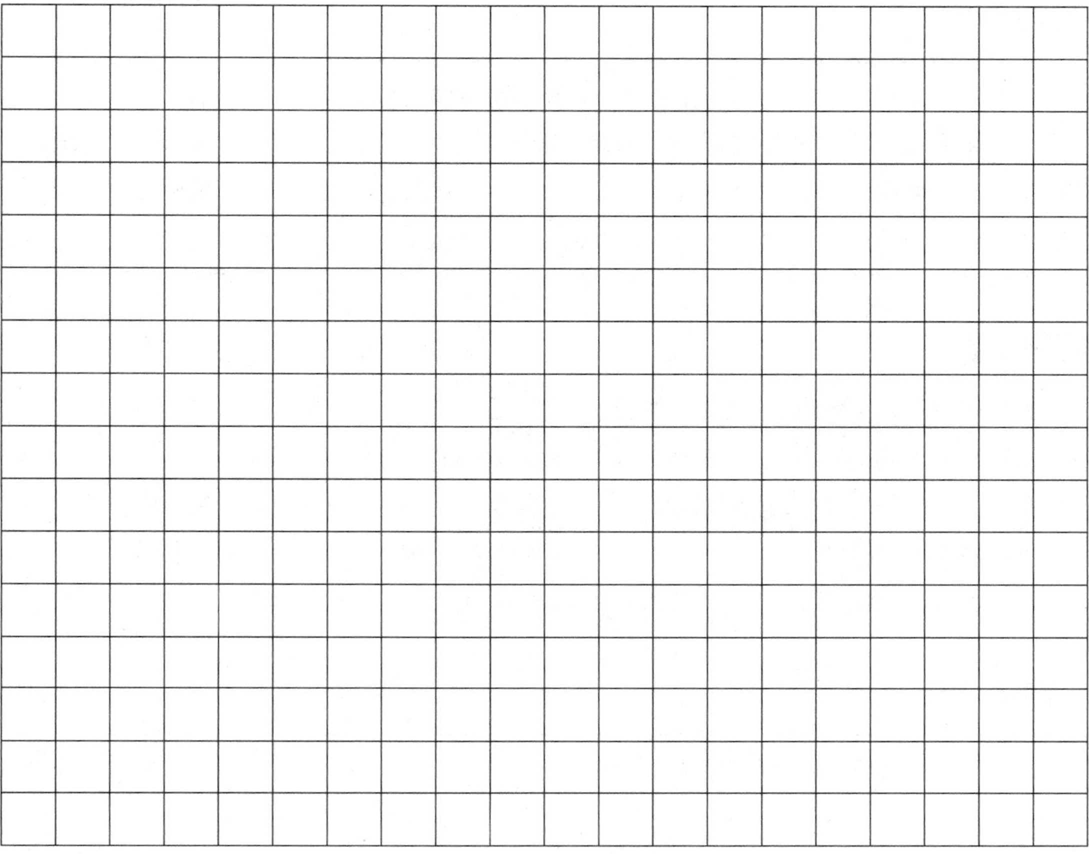

四、介绍

介绍类型的题型一般包括：演讲稿开场白自我介绍、广告推荐、操作说明、通知等。

介绍文常用表达

开场白结尾用于引出下文：よろしくお願いします；では、始めます/始めさせていただきます；ようこそ、「～」にお越しいただきありがとうございます。
表示呼吁：ましょう、ぜひ～ください、やってみてください、う（よう）ではないか
表示步骤：まず　次に　そして　さらに　それから　その後　最後に
介绍功能：～ことができます、という機能があります

【模拟范文 1】

题目：请以「環境問題」为题做一个80～120字左右的演讲开场白。

【范文参考】

皆さん、こんにちは。私は李穎と申します。今日は環境問題についてお話したいと思います。経済の急速な発展に連れて、環境問題はだんだん深刻になりつつあります。地球の気候や人間の日常生活に大きな悪影響をもたらしました。これから、具体的なことについて説明したいと思います。よろしくお願いします。では、始めさせていただきます。

范文分析

1. 简单寒暄，即「皆さん、こんにちは。」
2. 自我介绍。自我介绍时，需用到表示自谦的表达形式，即「申します」。
3. 主题介绍。其中在介绍关乎发表人自身行为的词时，应用到自谦的表达形式。例如：「お話します」。
4. 正文引入。一般会用「では、始めさせていただきます」，用于提醒听众。

草稿栏

1. 开场怎么打招呼（自我介绍）？

2. 你今天要讲的主题是什么？

3. 为什么要讲这个主题？

4. 开始演讲了，怎么引入正文？

练一练

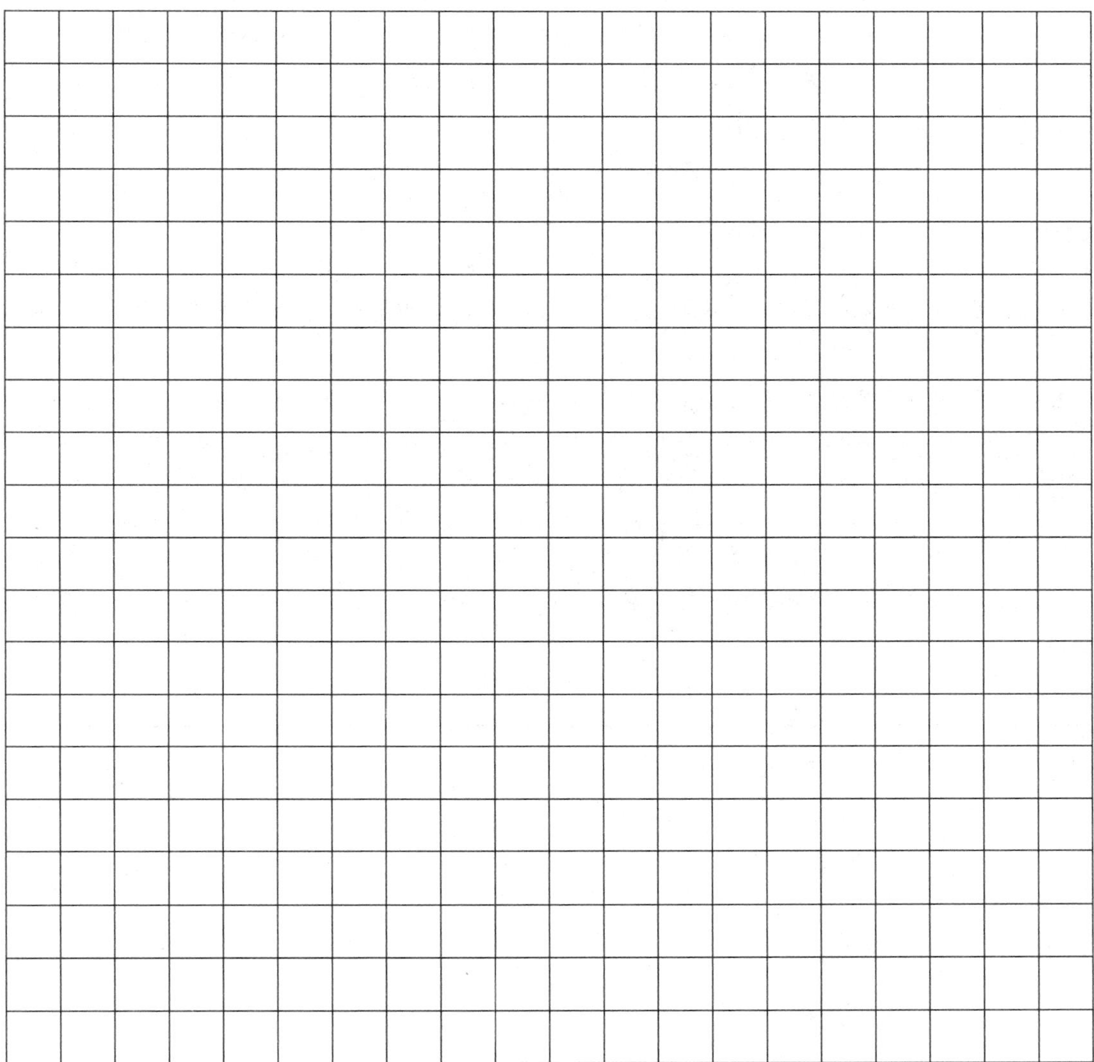

【模拟范文 2】

题目：暑假来商场兼职卖电器，正好遇见一个日本观光团。请你帮忙给下面的商品打个广告，把商品的特点和用处给大家简单介绍一下。

【范文参考】

皆さん、こんにちは。これから、新発売の洗濯機について紹介させていただきます。

最大の特徴はダウンジャケットを洗うことができることです。最新技術を採用したので、ダウンジャケットでも安全や清潔が確保できます。なお、様々なモードあります。その中で、一番魅力的なのはマナーモードです。他の商品と比べて、うちのほうが静かで安全性が高いです。是非お求めください。

范文分析

1. 简单寒暄。与发表的开场白类似。用简单的适用于见面时说的寒暄语即可。例如：「こんにちは」、「おはようございます」等。
2. 主题介绍。首先表明此次介绍的主题，即「これから、新発売の洗濯機について紹介させていただきます。」在关乎说话人自身行为时需要用上自谦的表达形式，即「させていただきます」。
3. 呼吁听众。由于是广告推荐，呼吁是必不可少的。需要在介绍完特点、优势之后加上呼吁的表达。呼吁一般采用请示、意志、提议等表达。

草稿栏

1. 开场怎么打招呼？

2. 你要介绍的东西是什么？

3. 它有什么特征能吸引大家？

4. 如何呼吁大家购买？

✎ **练一练**

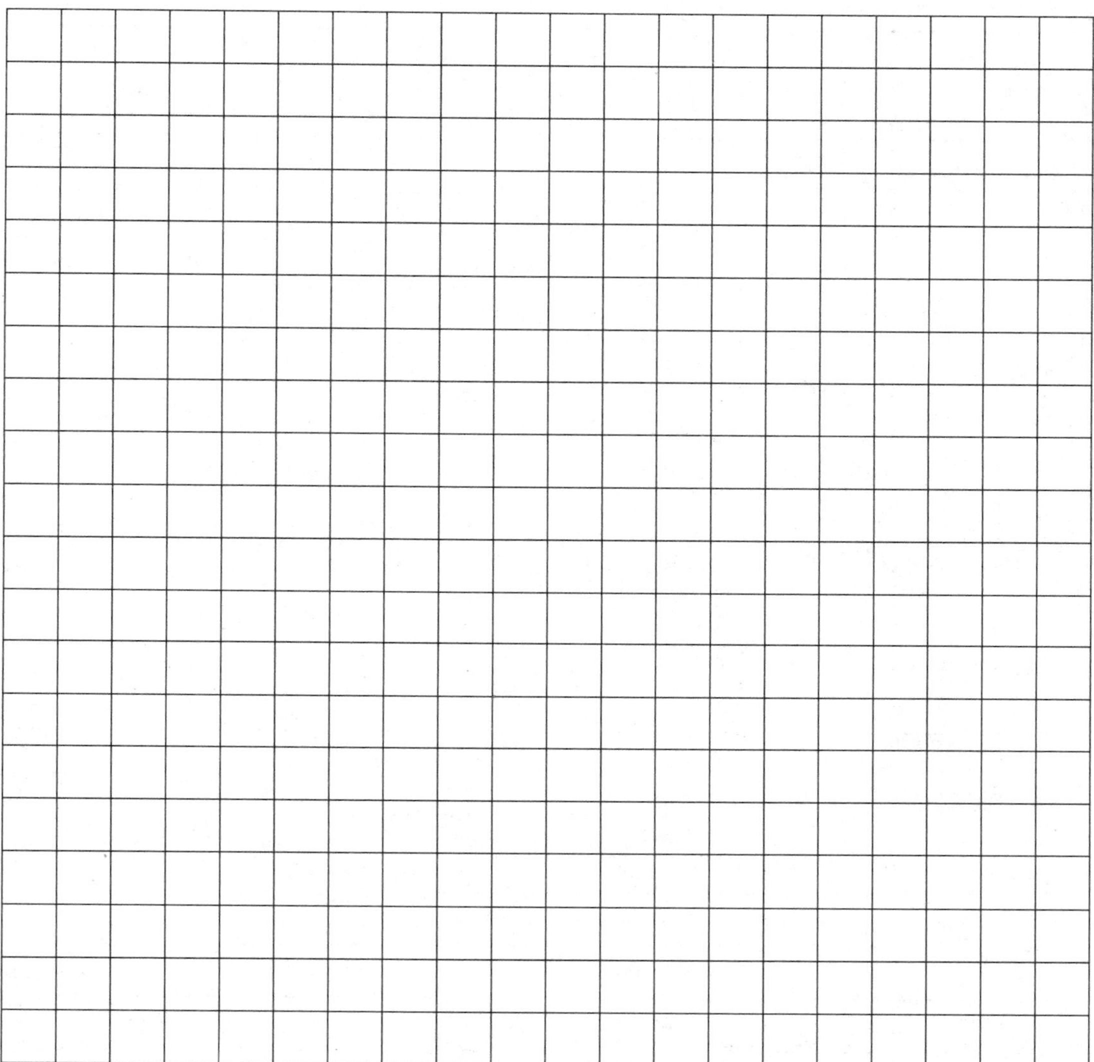

【模拟范文 3】

题目：自動販売機の使い方

【范文参考】

まず、自分が購入しようとする商品の金額を確認します。次に、コインか紙幣を入れて商品の番号を入力します。または、ボタンを押します。最後に、取り出し口から商品やお釣りを取ります。最近はＱＲコード決済の導入で携帯でも払うことができます。

草稿栏

第一步：

第二步：

第三步：

练一练

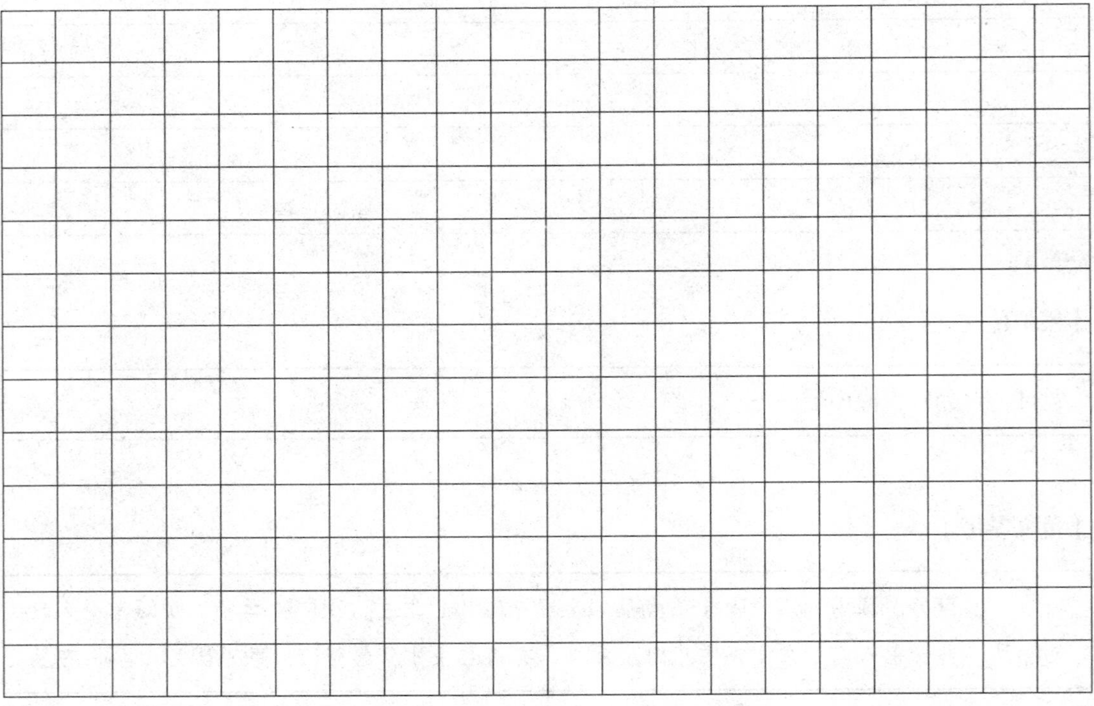

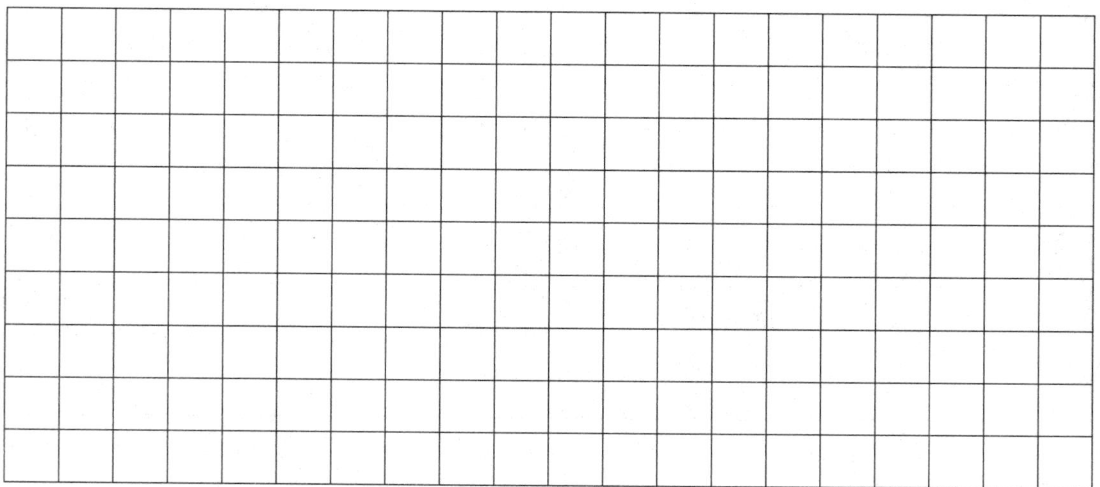

【模拟范文 4】

题目：チャーハンの作り方

【范文参考】

料理をする前に、まず、食材を用意してください。次に、鍋に油を入れて加熱します。３分間後、卵液を入れて、形が固まったら、軽く炒めます。そして、事前に用意した飯を入れて早く炒めます。さらに、鍋に調味料を入れて、チャーハンに醤油の色がつくまで炒めます。最後に、皿に盛り上がって、おいしいチャーハンが出来上がりました。

草稿栏

第一步：

第二步：

第三步：

第四步：

练一练

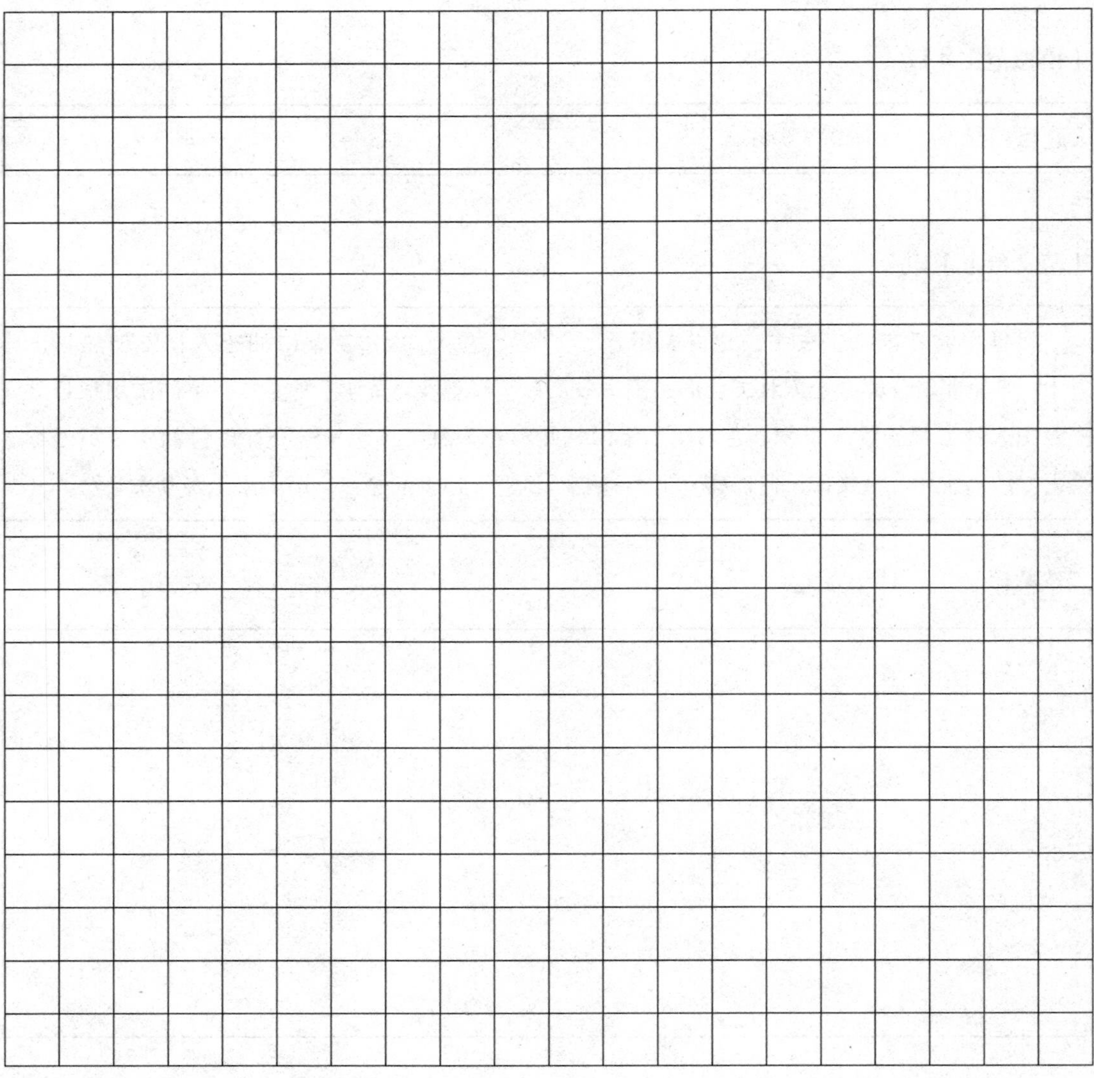

【模拟范文 5】

题目：按学校教学安排，本周六在学校举行一年一度的留学生交流大会。时间是下午1点开始至4点结束。由于交流会上有交换名片的仪式，请各位学生自己带上亲手作的名片，以便交换。希望同学们尽情享受这次的交流会。
请根据上述通知，撰写一份日文版的通知。顺序可调整，请不要逐字逐句译文。

【范文参考】

本校は今週の土曜日に学校の講堂で留学生との交流会を行うことになりました。交流会は当日の午後 1 時から 4 時までです。交流会で名刺交換が必要ですから、皆さんは自分で手作りの名刺を持参してください。今度の交流を存分に楽しんでください。

范文分析

通知需根据题目所给的背景以及内容，来选取不同的表达。

1. 本题是由学校发出，学生接受的通知。因此在表达上不需要用到敬语。只需清楚描述情况及事情概括即可。
2. 注意敬语表达形式，如「持参してください」。

草稿栏

1. 开头寒暄。

2. 学校要通知什么内容？

3. 具体的时间以及地点是什么？

4. 需要大家注意什么事项？

练一练

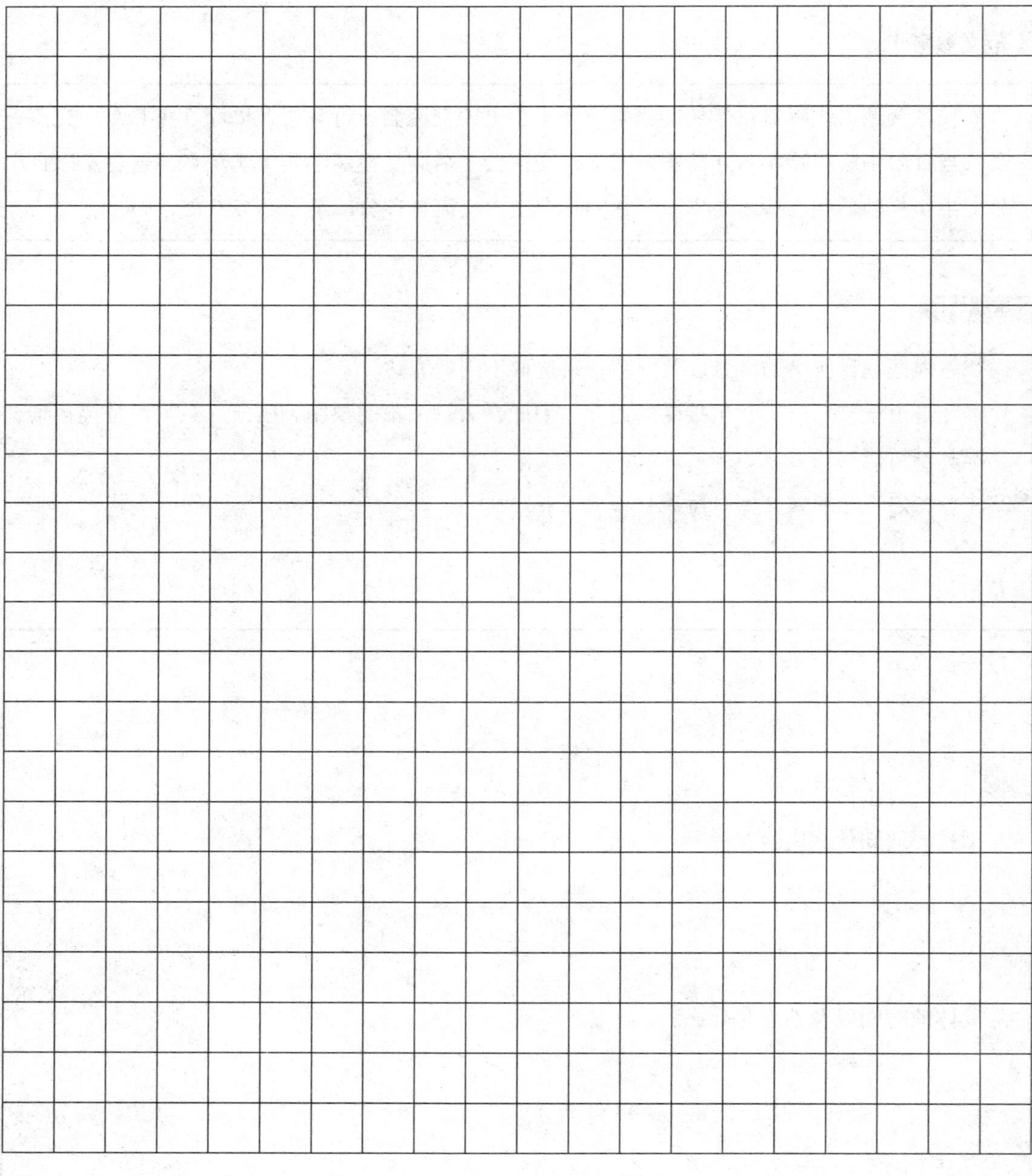

第三节　大作文

一、选择类写作结构

开头（第 1 段）2–3 行（20×20 稿纸）

写法	结构	例句
写法1	第一段：点题+表明观点	______なら、私は____のほうがいいと思います。
写法2	第一段：表明观点	私は____という意見に賛成/反対です。

正文（第 2 段 + 第 3 段）每段 5–6 行（20×20 稿纸）

写法	结构	例句
写法1	第二段：陈述理由1+具体说明 第三段：陈述理由2+具体说明	なぜかというと、まず______からです。もう一つの理由は______からです。
写法2	第二段：正面论述+具体说明 第三段：反面论述+具体说明	まず、__________からです。確かに、______と言う人もいるかもしれません。でも、……

结尾（第 4 段）2–3 行（20×20 稿纸）

写法	结构	例句
写法1	第四段：总结+重复观点	______。ですから、私は________という意見に賛成/反対です。
写法2	第四段：重复观点+升华主题	以上の理由で、私は____と思います。

选择类写作方法

AB观点二选一

有人认为「タバコは違法にすべき」。你同意这种观点，还是反对这种观点。表明你的观点并阐明理由。

写作要点：

1. 表明你的观点。
2. 阐明持有这种观点的理由。
3. 总结全文。

写作要求：

1. 字数为300～350字。

2. 格式正确，书写清楚。
3. 使用「です・ます」体。

写作步骤

Step 1 【审题】

本题为选择类作文，需明确自己的观点是赞成还是反对。

① 赞成　　② 反对

Step 2 【构思】

可先根据题目罗列自己可以想到的内容要点，构思作文结构，再根据熟悉的内容确定选择哪一种观点。

	理由	具体说明
赞成		
反对		

写作内容要点参考

	理由	具体说明
违法	1. 健康に悪い 2. お金の浪費 3. タバコのポイ捨て	1. タバコを吸う本人だけではなく、周りの人の健康にも影響を及ぼす 2. お小遣いの大半がタバコ代にかかってしまった人もいるし、日常的に使うお金が全部タバコにかかってしまった人もいる 3. ポイ捨て問題、環境に悪い、火事の発生原因となる恐れがある
不违法	1. 喫煙禁止の国はほとんどない 2. 個人の行為	1. 公的な場所の喫煙、未成年者の喫煙は違法だが、喫煙禁止の国はほとんどない 2. 副流煙とポイ捨て以外に、人に迷惑がかからない

Step 3【书写】

开头

例：吸烟应该属于违法（二选一）

	私	は	「	タ	バ	コ	は	違	法	に	す	べ	き	」	と	い	う	意	見
										表明观点									
に	**賛**	**成**	で	す	。														

开头常用表述方式参考

点题＋表明观点	～なら、～ほうがいいと思います	说到……，我认为……比较好
	～というと、～たいと思います / 考えます	说到……，我想……
	～と言えば、～に賛成 / 反対です	说到……，我赞成・反对……
	～なら、～べきだと思います	说到……，我认为应该……
	～というと、～こそ～です	说到……，……才是……
	～と言えば、～に決まっています	说到……，肯定是……

续表

点题＋表明观点	～というと、～も～もあると思います	说到……，我认为两者皆有
	～というと、～も～もいいと思います	说到……，我认为两者都行
	～というと、～必要があると思います	说到……，我认为有必要……
描述背景＋表明观点	～について、～です。私は～と思います	关于……，……。我认为……
	～に関して、～です。～にほかならないです	关于……，……。正是，正在于……
	～間に、～が話題になりました。私は～と思います	在……期间，……成了话题。我认为……
	～て以来、～大きく変わりました。それに対して、～と思います	自从……以来，……发生了很大的变化。对于……，我认为……
表明观点＋引出下文	私にとって、～のほうがいいと思います。理由は以下の二つあります	对于我来说，我认为……更好。理由有以下两个
	私は～に賛成です。なぜなら、理由は以下の通りです	我赞成……。至于为什么，理由如下
	私は～と思います。皆さんはどう思いましょうか	我认为……。大家怎么觉得呢
表明观点	～と思います	我认为……；我觉得……
	～と考えます	我认为……；我觉得……
	～べきです	应该……
	～方がいいと思います	我认为（做）……比较好
	～こそ～です	……才是……
	～に反対です	我反对……
	～に賛成です	我赞同……
	～に決まっています	肯定是……
	～に違いないです	肯定是……
	～にほかならないです	正是，正在于……
	～ように思います	我觉得……
	～必要があると思います	我认为有必要……
	～ように感じます	我感觉……
	～も～もあると思います	我认为两者皆有
	～も～もいいと思います	我认为两者都行

正文

例：吸烟应该属于违法（二选一）

　なぜかというと、まず、タバコは健康に悪いからです。タバコの煙には有害物質があるといわれています。タバコは吸っている人の健康に影響を及ばすだけではなく、周りの人の健康までも驚かしてしまいます。特にそもそもタバコが苦手な人にとっては、その匂いだけでも苦痛でしょう。

　もう一つの理由は、喫煙はお金の浪費を招くからです。喫煙者の中には、実はタバコをやめたくてもやめられな人もいるようです。タバコの値段がそれぞれであるとは言え、喫煙量が多ければ多いほど、無駄遣いが増えてしまいます。

正文–陈述理由常用表述方式参考

例挙说明	例えば	例如
	まず/最初に～	首先……
	次に/それから～	其次/然后……
	最後に～	最后……
	～上に、～	加之……，而且……
	～だけで（は）なく、～	不仅……，而且……
	～というより、むしろ～	与其说……，还不如说……

续表

例举说明	～に限らず、～	不只……，而且……
	～に加えて、～	加之……，而且……
	～のほか～も	除了……之外，还……
	～ばかりでなく	不只……，而且……
	～も～ば～も	即……，又……
陈述理由	それは～からです	那是因为……
	というのは～からです	要说为什么……，那是因为……
	なぜなら、～からです	要说为什么……，那是因为……
	なぜかというと、～からです	要说为什么……，那是因为……
	～によって、	由于……
	～おかげで、～	多亏了……
	～せいで、～	都怪……

结尾

例：吸烟应该属于违法（二选一）

　タバコをやめたら、より健康な体に成り変わることができますし、その分節約されたお金もっと有意義に使えるようになります。ですから、私は「タバコは違法にすべき」という意見に賛成です。

结尾常用表述方式参考

总结＋重复观点	とにかく、～と思います	总之，我认为……
	要するに、～に賛成・反対です	总之，我赞成・反对……
	つまり、～方がいいと思います	总之，我认为……更好
	以上のように、～も～もあると思います	如上所述，我认为两者皆有

续表

总结＋重复观点	以上の理由で、私は～が必要です	由于上述理由，我认为……是必要的
	だからこそ、～こそ～と思います	正因如此，我认为……才……
阐明观点＋升华主题	～と思います。これからは、～していきたいと思います	我认为……今后我要继续……下去
	～と考えます。そのために、～しなければなりません	我认为……为了那样，我必须……
	～方がいいと思います。だから、私は～ようと思います	我认为（做）……比较好。所以我想……
	～ように思います。～には～必要です	我觉得……为了……，……是必要的
	～も～もあると思います。だから、自分に合ったものを選べればいいです	我认为两者皆有。因此选合适自己的就行

二、话题类写作结构

开头（第 1 段）2-3 行（20×20 稿纸）

写法1　提出话题＋引出下文
写法2　描述背景＋提出话题

写法1　最近、______たことがあります。それから、いろいろ勉強になりました。

写法2　時代の発展に連れて、______も変化しつつあります。というと、私はいろいろ考えました。

正文（第 2 段＋第 3 段）每段 5-6 行（20×20 稿纸）

写法：要点1＋具体说明
　　　要点2＋具体说明

一つ目は______です。例えば、______。
二つ目は______です。例えば、______。

结尾（第 4 段）2-3 行（20×20 稿纸）

写法：总结＋升华主题

以上のように、これからは（上文体会到的事）を大切にしなければいけません。

话题类写作方法

话题类根据内容的不同，使用的日语表达时态也会发生变化，根据内容分为以下四类：

1. 常规类（表述以现在时态为主）

2. 未来规划类（表述以意志形、假设形、计划类表述为主）

3. 回忆感想类（表述以过去时态为主）

4. 图表文

①常规类

【2014 年高考作文】

随着社会发展节奏的加快，我们与家人在一起的时间越来越少，甚至很少有时间与家人共同进餐，你对此有何感受？请以「家族で食事をとることについて」为题写一篇短文。

写作要点：

1. 简述你家的情况。

2. 表明你的看法。

3. 说明你的理由。

写作要求：

1. 字数为300～350字。

2. 格式正确，书写清楚。

3. 使用「です・ます」体。

4. 不得写出你自己及家庭成员的真实姓名。

写作步骤

Step 1【审题】

本题为话题类作文里的常规类（描述现在为主），围绕与家人共同进餐这一话题先明确自家情况是经常一起吃？还是不经常吃？

Step 2【构思】

可先根据题目罗列自己可以想到的内容要点，结合自己的想法分要点具体说明。

要点 1	具体说明

要点 2	具体说明

写作内容要点参考

要点 1	具体说明
いつも一緒に食事をするのは嬉しい	1. 一人で食べるのは寂しい、食欲もない 2. みんなで食べると、賑やか、楽しい

要点2	具体说明
コミュニケーションできる時間	1. 普段、親と子供は一緒にいられる時間が少ない、食事の時間は唯一のコミュニケーション時間となる 2. 食事のマナー、その日の（学校、職場など）出来事、相談したいこと（悩み、不安、心配）などについて話し合える

正文部分的主要内容集中在把两个要点说明清楚。结合自身经历筛选同学们能够表达清楚的内容，排除自己把握不了的点会更加容易书写。

Step 3【书写】

开头

私の家では、よく家族と一緒に食事をします。（提出话题）私にとっては、家族と一緒に食事する時が、一日の中で一番幸せな時です。（引出下文）

开头常用表述方式参考

提出话题＋引出下文	～なら、～と思われます	说到……，大家都认为……
	～と言えば、～のではないでしょうか	说到……，应该就是……
	～というと、～によって違います	说到……，根据……，是不同的
	～と言えば、～と言ってもいいです	说到……，也可以说……
描述背景＋提出话题	～て以来、周りの人たちが～。～について、皆さんはどう思いますか。	自从……以来，周围的人们都……。关于……，大家怎么觉得。
	～につれて、～が変化しつつあります。～というと、どうなるでしょうか	随着……，在发生着变化。说到……，会如何呢?
	～と共に、～も～なっています。～について、私はいろいろ考えました。	……的同时……也在发生变化。关于……，我考虑了很多
	～について、人々は～と言われています。～かもしれません。	关于……，人们都认为……，也许……

正文

　なぜかというと、まず（要点1）、みんなでご飯を食べるのはとても嬉しいからです。私は一人でご飯を食べる時は、寂しい気持ちでいっぱいで、食欲もない気がします。でも、皆で一緒に食べると、その賑やかさで気持ちも食欲もよくなって、とても嬉しいです。（具体说明）

　そして（要点1）、家族とゆっくり話し合うこともできます。普段、両親は仕事で会社に、私は学校にいます。だから、一緒にいる時間が少ないです。食事の時間が唯一のコミュニケーション時間になっているとも言えます。（具体说明）食事しながら、その日の出来事や両親に相談したいことなどをゆっくり話し合うことができます。

正文常用表述方式参考

要点	例えば、	例如
	まず/最初に～	首先……
	次に/それから～	其次/然后……
	最後に～	最后……
	～上に、～	加之……，而且……
	～だけで（は）なく、～	不只……，而且……
	～というより、むしろ～	与其说……，不如说……
	～に限らず、～	不只……，而且……

续表

要点	～に加えて、～	加上……，而且……
	～のほか～も	除了……之外，还……
具体说明	それは～からです	那是因为……
	というのは～からです	要说为什么……，那是因为……
	なぜなら～からです	要说为什么……，那是因为……
	なぜかというと、～からです	要说为什么……，那是因为……
	によって	由于……
	おかげで	多亏了……
	せいで	都怪……
	～ば～ほど～のです	越来越……
	～であれば～ほど～のです	越来越……
	～なら～ほど～のです	越来越……
	若い頃～しているので、今も～に理解があります	因为年轻的时候经常……，所以现在能理解……
表推测	～かもしれません	也许……
	～に決まっています	肯定是……
	～に違いないです	肯定是……
	～可能性があります	有……可能性
	もし～だったら	如果……的话，……
	でしょう	大概……
	～が教えてくれたことです	……曾经告诉我

结尾

　ですから、家族と一緒に食事をすることはとても大切だと思います。家族の絆も深まります。

（ですから：总结全文；と思います：升华主题）

②未来规划类

【高考作文模拟题】

整个高中我们都在紧张的学习中度过，高中毕业后我们将进入大学校园。在大学里除了学习之外，你还想做什么事情呢？请根据下面的写作要点，以「大学に入ったら」为题，写一篇日语短文。

写作要点：

1. 简单介绍你将在大学里做的事情。
2. 列举事例，具体说明。

写作要求：

1. 字数为280～320字。
2. 格式正确，书写清楚。
3. 使用「です・ます」体。

写作步骤

Step 1【审题】

本题属于话题类作文里的未来规划类（描述将来为主），需要同学们畅想进入大学后除了学习外想要做的事情。

Step 2【构思】

可先根据题目罗列自己可以想到的内容要点即想在大学做的事情。

要点 1	具体说明

要点 2	具体说明

写作内容要点参考

要点 1	具体说明
友達を作りたい	1. 大学生は各地から集まっているため、違う地方文化に触り合い、勉強にもなる 2. サークル活動に参加したい、友達もできるだろう

要点 2	具体说明
アルバイトをしたい	1. 授業で教えてくれないことを経験したい 2. 社会人としての常識やマナーを前もって学びたい

正文部分的主要内容集中在具体说明同学们在大学里想要做的事情，只要分点说清就不会混乱。

Step 3【书写】

开头

　今まではずっと勉強を中心に過ごしてきま

描述背景

したから、もし大学に入ったら、勉強以外に

提出话题

やりたいことをずっと考えています。

正文

　まず、たくさんの友達を作りたいと思いま

要点1

す。大学に入ると、全国各地からの人が集ま

っているだろうと思います。違う生活習慣や

食文化などいろいろ勉強になるかもしれませ

具体说明

ん。また、自分に合いそうなサークルを探し

て参加したいです。サークル内で一緒に活動

していれば、友達が出来るでしょう。

　そして、アルバイトもしてみたいと思いま

要点2

す。大学は社会に出る前の最後の段階だと思

います。大学の授業では教えてくれないこと

具体说明

をアルバイトをして、社会人としての常識や

マナーを学ぼうと考えています。

结尾

	ど	ん	な	大	学	に	入	る	か	は	分	か	ら	な	い	で	す	が	、
と	も	か	く	今	は	大	学	に	入	る	よ	う	に	全	力	で	頑	張	る
つ	も	り	で	す	。														

总结全文

升华主题

③回忆感想类

【高考作文模拟题】

利用假期跟家人或朋友去旅游已经非常普遍，旅游也变得越来越受人们欢迎。你有记忆深刻的旅行吗？请以「旅行の思い出」为题写一篇日语短文。

写作要点：

1. 简述你的一次旅行。
2. 谈谈你的感受。

写作要求：

1. 字数为280～320字。
2. 格式正确，书写清楚。
3. 使用「です・ます」体。

写作步骤

Step 1【审题】

本题为话题类作文里的回忆感想类（描述过去为主），回忆曾经的一次旅行并抒发感想。

Step 2【构思】

可先根据题目罗列自己可以想到的内容要点，也就是旅途中印象深刻的地方。

要点 1	具体说明

要点 2	具体说明

写作内容要点参考

要点 1	具体说明
料理がおいしかった	1. 本番の味 2. おいしかったから、いっぱい食べた

要点2	具体说明
友達と遅くまで起きておしゃべりした	1. 同じ部屋で寝るので、ワクワクした 2. 話し合いたいことが多かった

正文部分的主要内容集中在旅行过程中让同学们记忆深刻的地方，只要选取方便拓展说明的点，书写起来相对会比较顺畅便利。

Step 3【书写】

开头

　去年の夏休み、友達と一緒に旅行に行きま

（提出话题）

した。思い出はたくさんありますが、その中

（引出下文）

で特に心に残ってたことは二つあります。

开头常用表述方式参考

回忆	子供のごろ、私はいつも～をしていました。	从小时候开始，我就一直……
	～の時、～したことがあります。	……的时候，我做过……
	～といったら、私は～ことを思い出しました。	说起……，我回想起了……
	～を見るたびに、～のことを思い出します。	每当看到……，我总会想起……

正文

　一つ目は食べた料理がとてもおいしかった

（要点1）

ことです。旅行の目的地は四川でした。本場

の四川料理を食べて、思った以上に辛かった

ですが、とてもおいしかったです。中国だけ
具体说明
ではなく海外でも人気がある四川料理を友達
も私もたくさん食べました。

　二つ目は友達と夜遅くまで起きて、おしゃ
要点2
べりしたことです。友達と同じ部屋で寝るの
は初めてなので、とてもワクワクしていまし
具体说明
た。次の日の予定や買い物の話をして、いつ
の間にか2時を過ぎてしまいました。

结尾

　私にとって、友達と一緒に過ごした時間が
总结全文
一番大切です。また、友達と一緒にたくさん
升华主题
の思い出を作りたいです。

④图表文

【2005年高考作文】

下图是日本进入老龄化社会的一份调查表。请根据该图表所提供的信息和表后的写作要点，以「日本の高齢化社会」为题，写一篇短文。

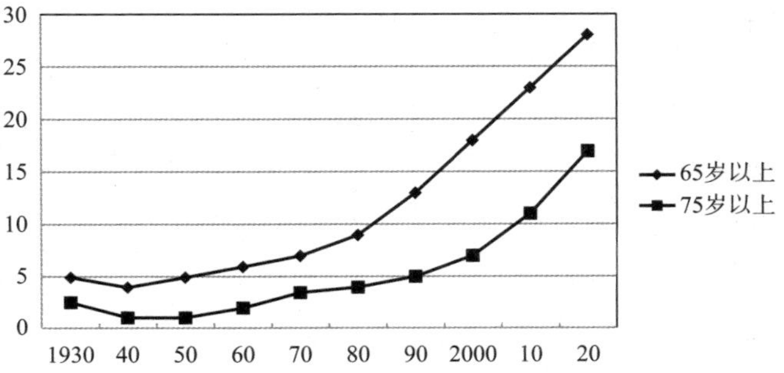

30
25
20
15
10
5
0
1930　40　50　60　70　80　90　2000　10　20
65岁以上
75岁以上

写作要点：

1. 图表所显示的具体情况。

2. 日本进入老龄化社会的特点。

3. 你对日本进入老龄化社会的看法。

写作要求：

1. 字数为300～350字。

2. 格式正确，书写清楚。

3. 使用「です・ます」体。

写作步骤

Step 1【审题】

本题为话题类作文里的图表类，关于日本老龄化社会的话题内容。

Step 2【构思】

可先根据题目罗列自己可以想到的内容要点，图表类文章的要点就是总结及分析图表信息。

图表总结 1	具体说明

图表总结 2	具体说明

写作内容要点参考

图表总结 1	具体说明
65歳以上の高齢者の人数が多くなっている	1. 1940年から年ごとに増えている 2. 1940年ごろまでは約4%だったが、2000年には約18%となった 3. 65歳以上の方の数は飛躍的に多くなってきた

图表总结 2	具体说明
高齢化のスピードが速い	1. 1970年前後まだ約7%だったが、2005年には約20%となり、過去の35年間、ほぼ3倍 2. 2015年には25%を超えると予想されている

正文部分的主要内容集中在通过解读图表数据，提炼总结信息。

Step 3【书写】

开头

	グ	ラ	フ	で	示	さ	れ	て	い	る	よ	う	に	、	日	本	は	高	齢
化	社	会	に	入	っ	た	と	言	わ	れ	て	い	ま	す	。	こ	の	グ	ラ
フ	か	ら	分	か	っ	た	こ	と	は	二	つ	あ	り	ま	す	。			

描述背景（第一行）；读取图表信息（この グラフから）

开头常用表述方式参考

简述图表背景	～における～	在……
	～について	关于……
	～に関する～	关于……
	このグラフは～の結果です。	这个图表是……的结果
简单归纳图表信息	～から～が分かる	从……得知……
	グラフから示されているように、～	如图所示……
	グラフから見ると、次のようなことが分かります。	看图可知如下……

正文

一つ目は65歳以上の高齢者の人数が多くなっていることです。具体的なデータを見ると、1940年から65歳以上の高齢者の占める割合は年ごとに増えています。1940年ごろまでは約4％だった65歳以上の割合は、2000年には約18％となりました。65歳以上の方の数は飛躍的に多くなってきました。

（图表总结1：一つ目は65歳以上の高齢者の人数が多くなっていることです。具体说明：1940年ごろまでは約4％だった65歳以上の割合は、2000年には約18％となりました。）

二つ目は高齢化のスピードが速いことです。データによると、1970年前後65歳以上の割合はまだ約7％でしたが、2005年には約20％となり、過去の35年間、ほぼ3倍になりました。さらに、2015年には25％を超えると予想されています。

（图表总结2：二つ目は高齢化のスピードが速いことです。具体说明：さらに、2015年には25％を超えると予想されています。）

正文常用表述方式参考

简单归纳特征	グラフから示されているように、～	如图所示……
	グラフから見ると、次のようなことが分かります。	看图可知如下……
	全体としては～と言える	总体上可以说是……
	具体的なデータを見ると、～	从具体数据上来看……
单项特征描述	～は増減が激しい	……增减显著
	～増減を繰り返している	……反复增减
单项特征描述	～を上回る	超过……
	～を下回る	不到……
	～は～を占めている	……占……
	横這い状態	保持不变
	～から～にかけて	从……到……
	～となる	变成，成为（强调结果）
	～につき	每……
	～が増える一方だ	不断增长
	～が急速に伸びている	迅速增长
	～傾向にある	有……倾向
	～は緩やかな伸びを示している	呈现缓慢增长
	～とほとんど変化がない	和……几乎没变化
程度修饰	ほぼ	大致，大体上
	わずかに	非常少（后接较小的数量）
	徐々に	渐渐地
	緩やかに	缓慢地
	大幅に	大幅度地
	急激に	急剧地

结尾

　高齢化はすでに日本の社会現象となってお

评价

り、これ以上進むと、経済成長や社会保障制

升华主题

度にも問題が発生する恐れがあるでしょう。

结尾常用表述方式参考

结尾

总结归纳，对接下来形势的推测	全体から見ると、～ことが分かりました。	整体来看，可知……
	～原因として～が考えられる	作为……的原因，可以想到……
总结归纳，对接下来形势的推测	～に基づいて	基于……
	～によって/により	根据……
	～ていくでしょう	大概会……下去

一、常规文

围绕某一话题表达自己的看法。

写作方法参考

部分	段落数	写作重点	包含要素	参考字数
开头	第1段	提出话题＋引出下文	简单介绍现状 / 背景 / 必要性 / 等	50～100字左右
正文	第2段	写作要点1	根据写作要点设计思路	100字左右
	第3段	写作要点2	根据写作要点设计思路	100字左右
结尾	第4段	总结＋升华	1. 总结全文 2. 评价 / 升华	50字左右

例如【2014年】

随着社会发展节奏的加快，我们与家人在一起的时间越来越少，甚至很少有时间与家人共同进餐，你对此有何感受？请以「家族で食事をとることについて」为题写一篇短文。

写作要点：

1. 简述你家的情况。

2. 表明你的看法。

3. 说明你的理由。

写作要求：

1. 字数为300～350字。

2. 格式正确，书写清楚。

3. 使用「です・ます」体。

4. 不得写出你自己及家庭成员的真实姓名。

范文参考

家族で食事をとることについて

子供の頃、我が家では、よく家族そろって、楽しく食事をしていました。しかし、最近では、家族そろって食卓を囲む回数が激減しました。

共働き家庭のため、両親は忙しくて、最近よく残業するし、家族そろって食事をすることが前より難しくなりました。私と妹のほうも宿題や習い事などで、すれ違いが多くなってしまうのです。一人になると時々寂しく思います。

家族とゆっくり話し合う機会が減りつつある現在は食事の時間が唯一のコミュニケーション時間になっているとも言えます。家族と一緒に食べると、その日の出来事や両親に相談したいことなど話し合えます。そうすると、家族の絆も深まります。

ですから、家族と一緒に食事をすることがとても大切だと思います。できるだけ家族そろって食事をする機会を増やしていきましょう。

范文解析

<table>
<tr><th>部分</th><th>结构</th><th>段落数</th><th>写作重点</th><th>包含要素</th><th>字数</th></tr>
<tr><td>开头</td><td>起</td><td>第 1 段</td><td>提出话题/罗列现状</td><td>1. 提出话题
2. 描述背景</td><td>63 字</td></tr>
<tr><td rowspan="2">正文</td><td>承</td><td>第 2 段</td><td>自己的感想+具体事例</td><td rowspan="2">1. 描述现状：很少能跟家人共同进餐
2. 提出自己的看法</td><td>103 字</td></tr>
<tr><td>承</td><td>第 3 段</td><td>自己的感想</td><td>111 字</td></tr>
<tr><td>结尾</td><td>结</td><td>第 4 段</td><td>总结自己的想法</td><td>1. 总结全文
2. 升华主题
总结上文；表明自己的观点，升华中心思想</td><td>61 字</td></tr>
</table>

草稿栏

开头：

正文：

结尾：

练一练

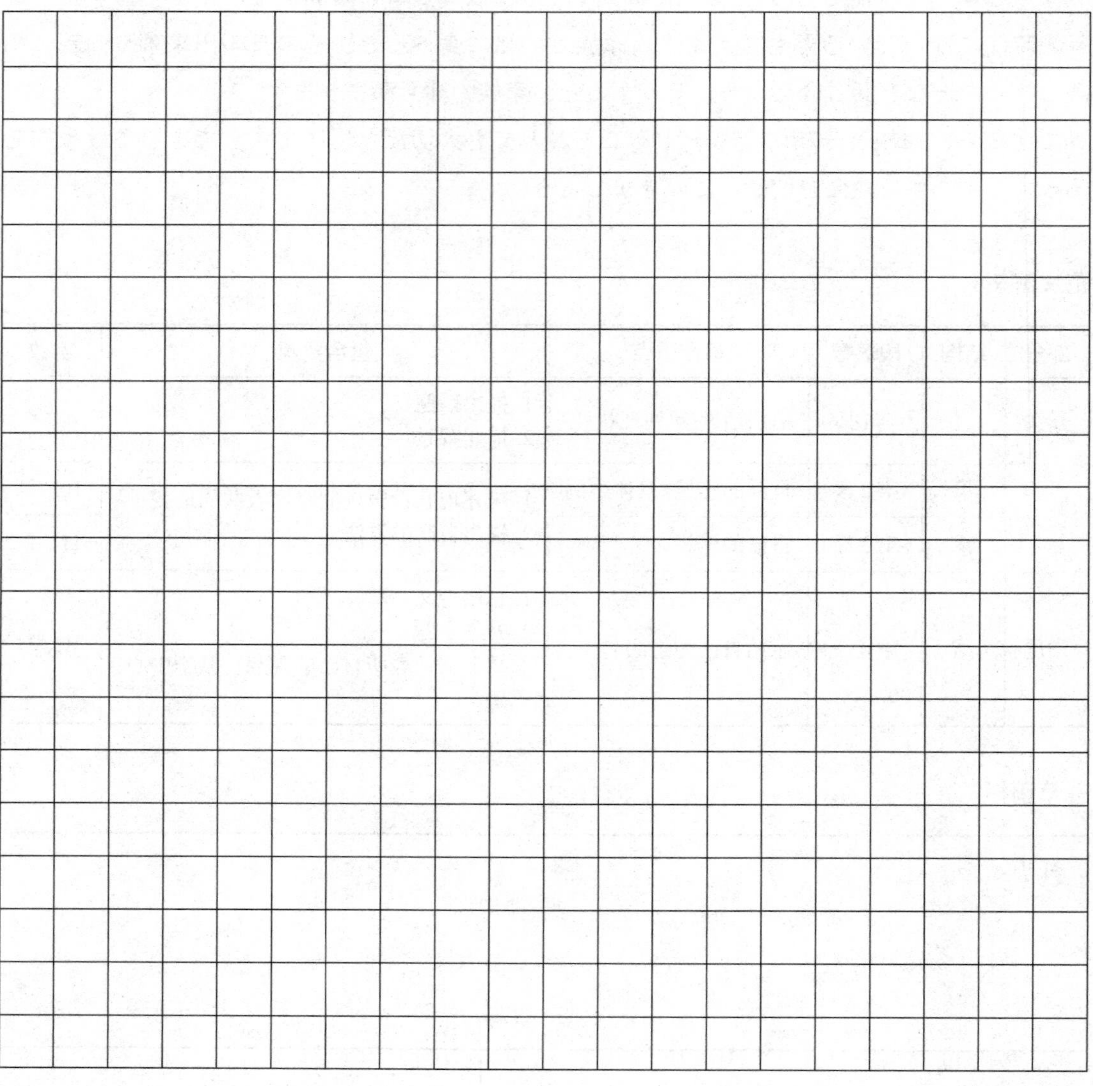

二、感想文

对读过的书（或文章）或参与过的事情表达自己的感受、想法。

写作方法参考

部分	段落数	写作重点	包含要素	参考字数
开头	第1段	提出话题	提出话题并简单介绍	50～100字左右
正文	第2段	写作要点1	具体描述话题/发表看法等	100字左右
	第3段	写作要点2	发表自己的感受/看法等	100字左右
结尾	第4段	总结	总结体验/感受/评价/意义等	50字左右

例如【2019年】

请以「最近読んだもの」为题，写一篇日语短文，介绍一本你最近读过的印象深刻的中文或日文书（或一篇文章）。

写作要点：

1. 简单介绍一下该书（或文章）。
2. 谈谈你介绍这本书（或文章）的理由或读后感。

写作要求：

1. 字数为300～350字。
2. 格式正确，书写清楚。
3. 使用「です・ます」体。

范文参考

最近読んだもの

私は最近『西遊記』という小説を読みました。中国では何度もドラマや映画、アニメなどになっている人気の物語です。

『西遊記』は『三国志演義』、『水滸伝』、『紅楼夢』とともに中国の四大名作と挙げられています。唐の時代にインドから仏教の経典を持ち帰った玄奘三蔵の旅を基にして書かれた冒険小説です。玄奘三蔵が孫悟空、猪八戒、沙悟浄を供に、さまざまの苦難に遭い、妖怪と戦いながらインドへ行って、仏典を得て帰る話です。

この小説を通じて、強い信念を持ち、どんな困難に遭っても、最後までやり抜くことの大切さがよく分かりました。『西遊記』のおかげで、強い信念は自分を支える大きな力になると思うようになりました。

『西遊記』は私に深い影響を与えました。これからの人生で、辛いことあっても乗り越えられると信じます。

范文解析

部分	段落数	写作重点	包含要素	参考字数
开头	第1段	提出话题	点明写作对象是《西游记》，并简单指出《西游记》的地位	50～100字左右
正文	第2段	描述话题	介绍西游记的主要内容（主人公、故事情节等）	100字左右
	第3段	感想	读书的收获	100字左右
结尾	第4段	总结升华	升华主题：读《西游记》使自己面对困难更有克服的信心	50字左右

草稿栏

开头：

正文：

结尾：

练一练

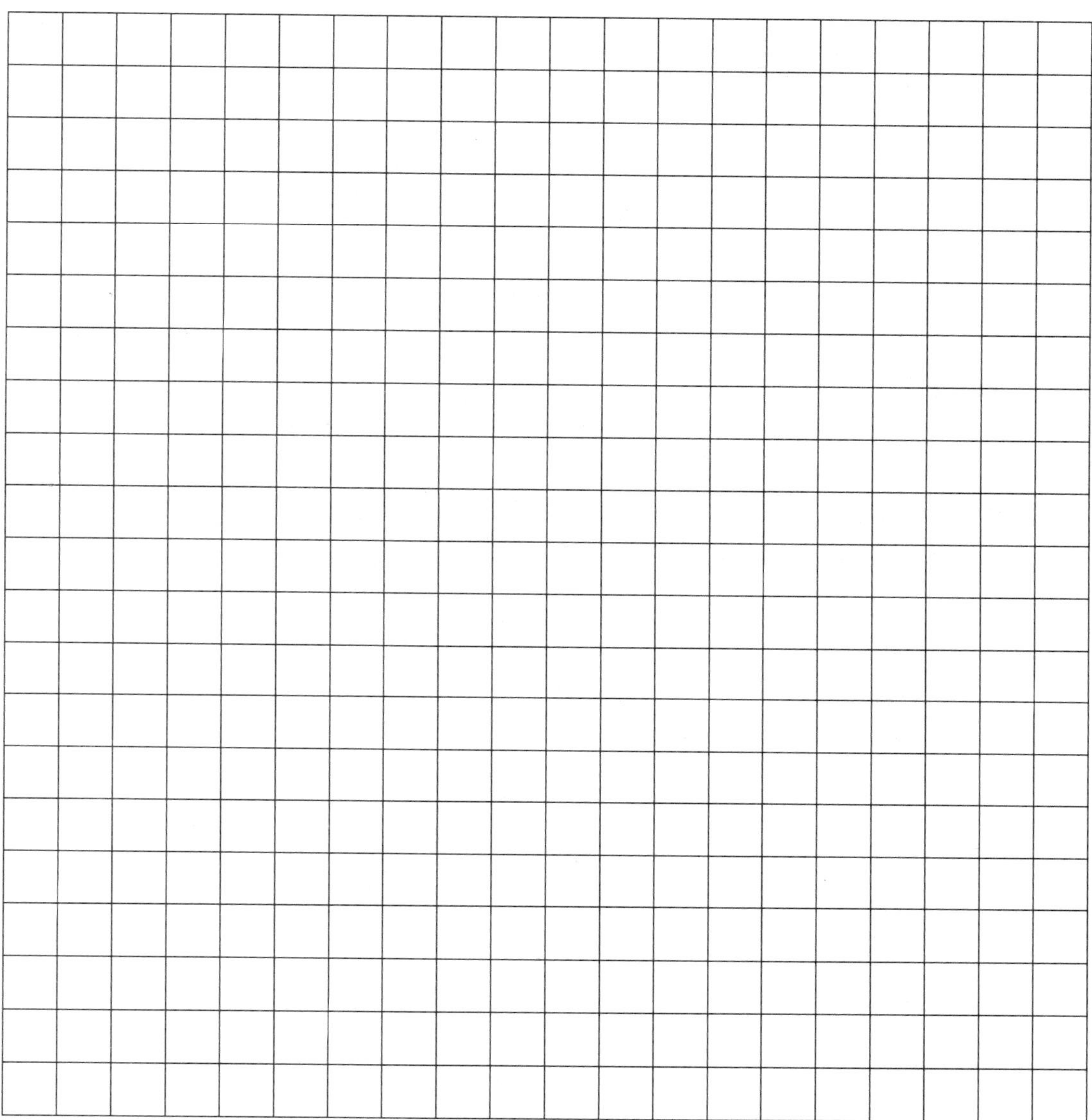

三、图表文

图表文需要在开头对图表的信息数据进行简单的客观描述。其次，正文部分就是针对数据内容进行有条理的细化分析。最后的总结则需要对图表内容进行点评。

写作方法参考

部分	段落数	写作重点	包含要素	参考字数
开头	第 1 段	客观简述图表信息	1. 总结图表信息 2. 归纳数据特征	100 字左右

续表

部分	段落数	写作重点	包含要素	参考字数
正文	第2段	说明信息+具体分析1	1. 根据写作要点对图表数据进行分析 2. 对图表信息所体现的现象做出看法	100字左右
	第3段	说明信息+具体分析2		100字左右
结尾	第4段	表明自己的印象/评价	1. 总结全文 2. 印象/评价	50字左右

例如【2004年】

日语公司中午休息时间一般只有一小时左右，除简单用餐外，剩余的时间他们如何安排呢？下图是日本公司职员主要的午休方式的统计结果（被调查者可做多项选择）。请根据该图表所提供的信息和图后的写作要点，以「日本の会社員の昼休み」为题，写一篇短文。

日本の会社員の休み

	系列1
職場の人としゃべる	64%
コーヒーなどを飲む	54%
本を読む	38%
銀行・郵便局などへ行く	30%
新聞を読む	21%
仕事をする	17%
昼寝をする	11%
勉強する	6%

写作要点：

1. 为日本公司职员的主要午休方式排序。
2. 写出日本公司职员主要午休方式的特点。
3. 和你所了解的中国职员的午休方式做一简单比较。
4. 你对日本公司职员主要午休方式的印象或评价。

注意事项：

1. 字数为300～350字。
2. 格式正确，书写清楚。
3. 使用「です・ます」体。
4. 写作要点必须在短文中体现出来。

范文参考

日本の会社員の昼休み

日本の会社員は昼食の後、いろいろなことをして、昼休みを過ごしているようです。同僚と話し合ったり、コーヒーなどを飲んだり、本を読んだりして過ごすのは、最も多い過ごし方で、それぞれ６４％、５４％、３８％を占めています。

全部で８つの過ごし方の中で、部屋の中で過ごすのがほとんどで、外に出かけるのは郵便局や銀行に行くことと買い物に行くことの２つだけです。昼休みはかなり短いのに、昼寝をする人が１１％もいることには少し驚きました。

中国では昼休みの時、昼寝をしたり、新聞を読んだりして過ごす人が日本よりずっと多いのではないかと思います。それから、日本と同じように同僚としゃべったりする人も多いでしょう。

全体から見れば、日本では昼休みの時は、何か自分の好きなことをして過ごす傾向があると言えましょう。

范文解析

部分	段落数	写作重点	包含要素	字数
开头	第1段	客观简述图表信息	1. 总结图表信息：即「日本の会社員は昼食の後、いろいろなことをして、昼休みを過ごしているようです」 2. 归纳数据特征：对前三种午休方式简单说明	108字
正文	第2段	说明信息+具体分析1	1. 根据写作要点对图表数据进行分析：对比各项数据，凸显特点 2. 对图表信息所体现的现象做出看法：简单对比中日午休方式	103字
	第3段	说明信息+具体分析2		86字
结尾	第4段	表明自己的印象/评价	1. 总结全文 2. 印象/评价：何か自分の好きなことをして過ごす傾向がある	49字

草稿栏

开头：

正文：

结尾：

练一练

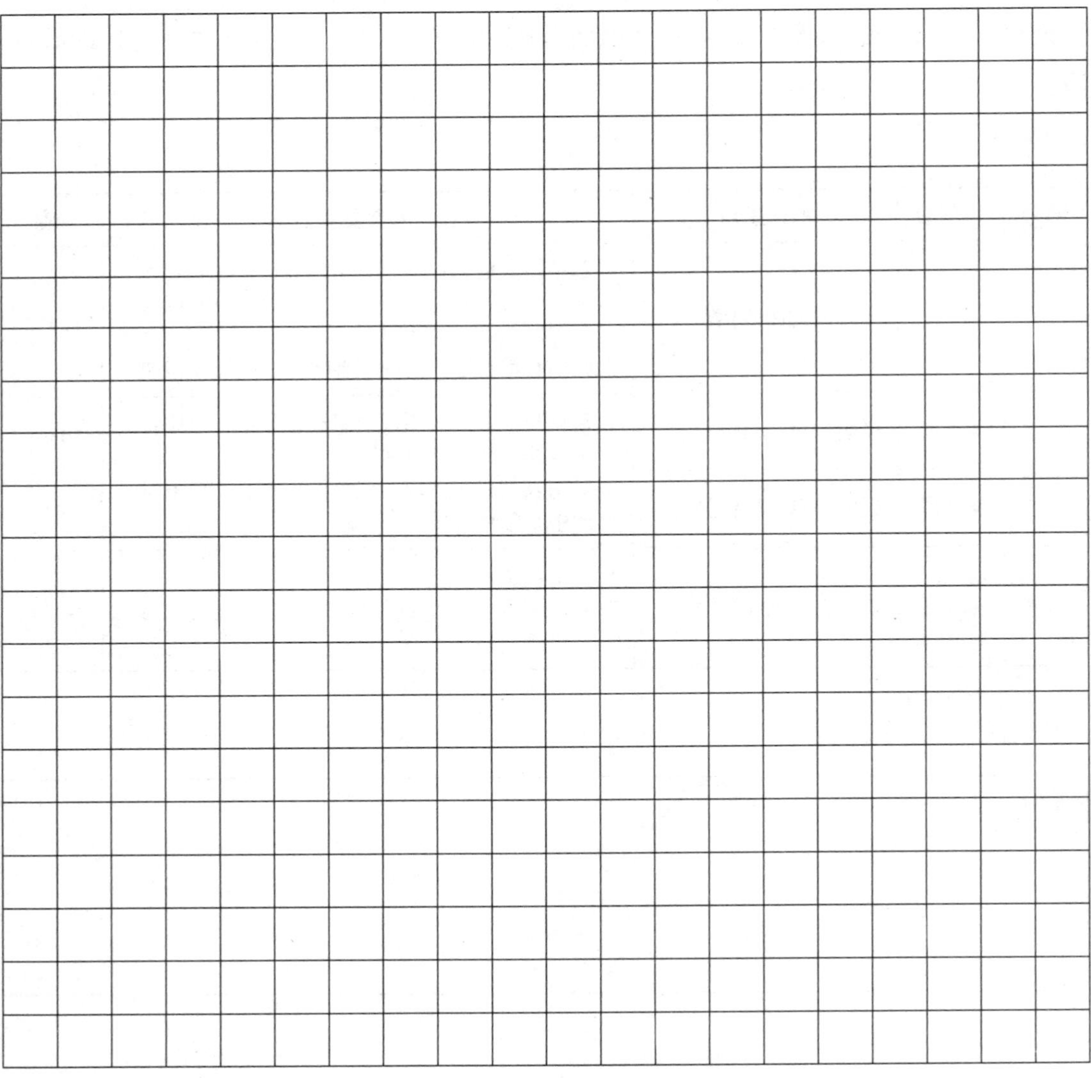

例如【2005年】

下图是日本进入老龄化社会的一份调查。请根据该图表所提供的信息和图后的写作要点，以「日本の高齢化社会」为题，写一篇短文。

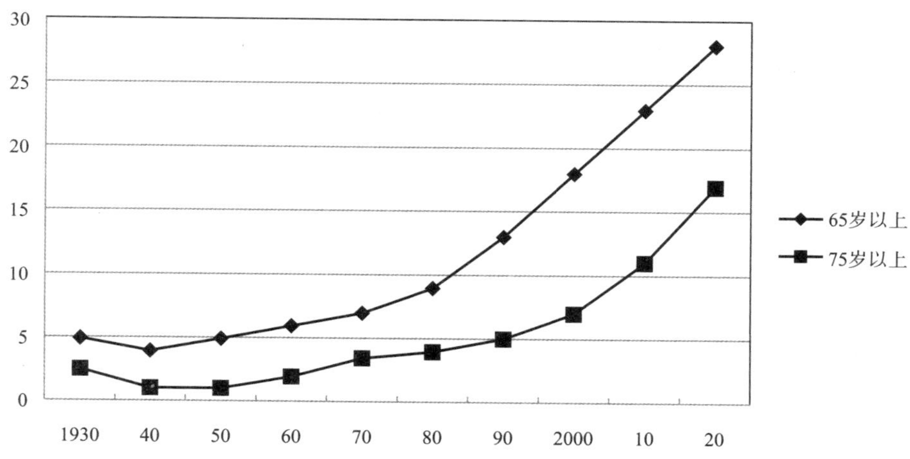

写作要点：

1. 图表所显示的具体情况。
2. 日本进入老龄化社会的特点。
3. 你对日本进入老龄化社会的看法。

写作要求：

1. 字数为300～350字。
2. 格式正确，书写清楚。
3. 使用「です・ます」体。

范文参考

日本の高齢化社会

日本は図表で示されているように、すでに高齢化社会を迎えていると言われています。総人口に占める高齢者の割合は、年ごとに上昇しています。これからもその傾向が続くだろうと思います。

具体的なデータを見ると、1960年ごろまでは5%前後だった65歳以上の高齢者は、2000年には15%を大きく上回っています。さらに、2005年には約20%、2015年には25%を超えると予想されています。また、75歳以上の高齢者の割合も徐々に増えています。

ひとつの国で、60歳以上の方が総人口の7%を超えると、高齢化社会に入ったと言われています。この意味から言えば、65歳以上の高齢者の占める割合が多いというのが日本社会の特徴です。

日本は高齢化社会のために、いろいろ対策がとられているようです。これは、中国にとっても大変参考になると思います。

范文解析

<table>
<tr><th>部分</th><th>段落数</th><th>写作重点</th><th>包含要素</th><th>字数</th></tr>
<tr><td>开头</td><td>第 1 段</td><td>客观简述图表信息</td><td>1. 总结图表信息：将图表内容数据进行总结概括。即「日本は図表で示されているように、すでに高齢化社会を迎えていると言われています」
2. 归纳数据特征：简单分析数据做出年龄层变化趋势的预想</td><td>87 字</td></tr>
<tr><td rowspan="2">正文</td><td>第 2 段</td><td>说明信息+具体分析1</td><td rowspan="2">1. 根据写作要点对图表数据进行分析：对比历年年龄层人数增长的趋势，做出2015年65岁人口将超25%的预想
2. 对图表信息所体现的现象做出看法：将图表数据与老龄化标准做对比，突出日本社会老龄化这一特征</td><td>111 字</td></tr>
<tr><td>第 3 段</td><td>说明信息+具体分析2</td><td>86 字</td></tr>
<tr><td>结尾</td><td>第 4 段</td><td>表明自己的印象/评价</td><td>1. 总结全文
2. 印象/评价：将日本的老龄化对策作为中国的参考</td><td>55 字</td></tr>
</table>

草稿栏

开头：

正文：

结尾：

练一练

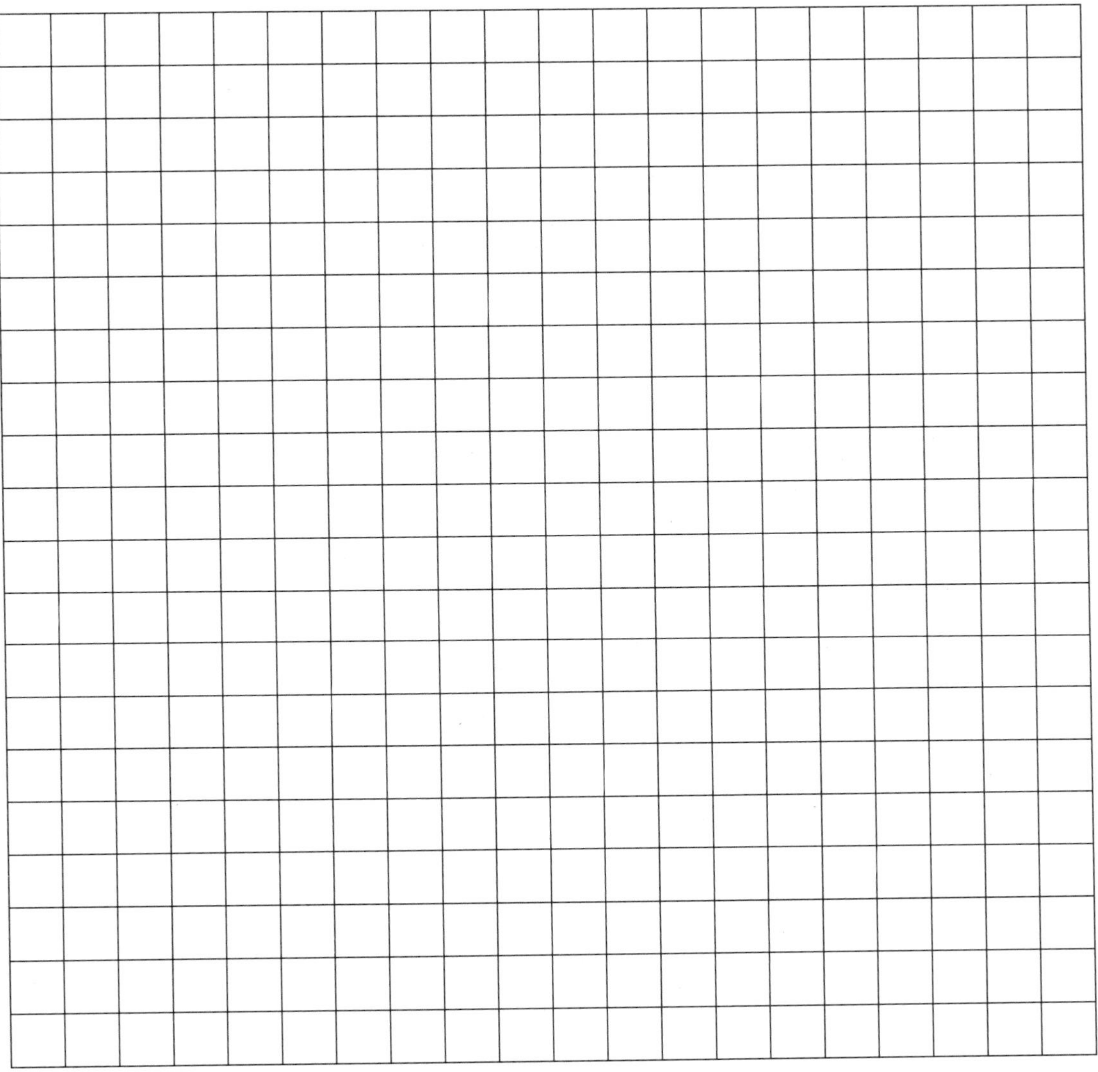

第三单元　提分技巧

在高考日语中，作文占40分，分值较大，需重视提分。很多同学苦于作文分数较低，其实，高考日语作文只要做到题目所要求的内容全都写到，并且思路清晰，结构明确，就能取得较好成绩。因此提分关键在于掌握写作的结构。本单元整理了四个提分技巧，相信同学们学好这些技巧后，对写作结构和写作方法会更加了然于心，作文能力自然也会在原先基础上进一步得到提升。

1. 避免基础错误，减少扣分。
2. 精准使用惯用语，彰显日语水准。
3. 使用书面语，避免口语化。
4. 适时升华主题，提升文章立意。

第一节　改错练习

高考日语作文具体书写内容过程中，需要做到的最基本的一点就是确保句子通顺、无语法错误。这也是在写作时容易被忽视的一点。高考日语作文中主要的基本错误有以下几种：

1. 标点错误
2. 时态错误
3. 文体错误
4. 单词错误（包括假名错误、自他动词选用错误、指示代词不当等）
5. 助词错误
6. 语法错误
7. 接续错误
8. 逻辑错误（包括连词使用错误、语序错误、前后逻辑不连贯等）

通过修改他人的作文，同学们更能清楚地意识到避免基本错误的重要性。以下共选取了7篇题目，请同学们改正下列文章中错误的地方。

【题目①】：教室の掃除は清掃会社に頼んでよいのか

最近在许多学校出现了将学校卫生承包给清洁公司的情况。这一情况不仅在领导之间甚至在学生之间也出现了很大的争议。有的人赞同有的人反对。请你以「教室の掃除は清掃会社に頼んでよいのか」为题，写一篇短文。

写作要点：

1. 说说你对这件事的看法。
2. 谈谈你的理由。
3. 总结全文。

写作要求：

1. 字数为280～320字。
2. 格式正确，书写清楚。
3. 使用「です・ます」体。
4. 所提示的内容必须在短文中体现出来。

【例文A】

教室の掃除は清掃会社に頼んでよいのか

今、清掃会社に教室を掃除する学校があります。私の立場から見ると、これがずいぶよくないです。これは私の理由です。

まず、清掃会社に教室を掃除させたら、とても多くのお金がかかります。このお金でたくさんの本を買うのほうがいいです。さらに、会社員たちは私たちの本を落とすかもしれません。

また、教室を掃除するのは体にいいです。平日、学生たちは長い時間で椅子に座っています。運動する時間がありません。だから、教室の掃除を運動として体を鍛えます。

上記の内容に基づき、学生が自分で教室を掃除するのほうがいいです。

试一试

①＿＿＿＿＿＿＿＿＿＿＿＿＿＿＿＿＿＿＿＿；

②＿＿＿＿＿＿＿＿＿＿＿＿＿＿＿＿＿＿＿＿；

③＿＿＿＿＿＿＿＿＿＿＿＿＿＿＿＿＿＿＿＿；

④＿＿＿＿＿＿＿＿＿＿＿＿＿＿＿＿＿＿＿＿；

⑤＿＿＿＿＿＿＿＿＿＿＿＿＿＿＿＿＿＿＿＿；

⑥ ____;

改错参考－例文 A

教室の掃除は清掃会社に頼んでよいのか

今、清掃会社に教室を掃除する①学校があります。私の立場から見ると、これがずいぶ②よくないです。以下は私の理由です。

まず、清掃会社に教室を掃除させたら、とても多くのお金がかかります。この③お金でたくさんの本を買うの④ほうがいいです。さらに、⑤会社員たちは私たちの本を落とすかもしれません。

また、⑤教室を掃除するのは体にいいです。平日、学生たちは長い時間で⑥椅子に座っています。運動する時間がありません。だから、教室の掃除を運動として体を鍛えます。

上記の内容に基づき、学生が自分で教室を掃除するの④ほうがいいです。

查一查

① 单词错误：此句意为，如今，让清洁公司负责打扫教室的学校越来越多。应使用使役形，改为「させる」。

② 单词错误：改为「ずいぶん」。

③ 指示代词不当：此处指的钱是前一句中提到的，所以「この」改为「その」。

④ 接续错误：「ほうがいい」前动词用た形，改为「買った」、「した」。

⑤ 连词顺序错误：「さらに」表示递进，一般译为“更加、更进一步”，程度更高，应放在「また」后出现。

⑥ 接续错误：量词修饰动词时不需要用助词。

【例文 B】

教室の掃除は清掃会社に頼んでよいのか

今では、たくさんの学校は教室の掃除が清掃会社に頼んでいます。それはメリートがあったり、デメリットもあったりします。私はいいことと思って、賛成します。

まず、学生より清掃会社の専門家はもっといいと思います。清掃のスピードが速いだけでなく、教室はもっときれいにします。それでは、清掃会社のおかげで、学生はたくさんの時間があって、きちんと勉強することができます。

最後、学生の環境はきれいになって、学生の気持ちもいいになります。

教室の掃除は清掃会社に頼んでよいと思います。そうすると、学生のストレスを小さくなります。

试一试

① ____;
② ____;
③ ____;
④ ____;
⑤ ____;
⑥ ____;
⑦ ____;

改错参考 – 例文 B

教室の掃除は清掃会社に頼んでよいのか

今では、たくさんの学校は教室の掃除が①清掃会社に頼んでいます。それはメリート②があったり③、デメリットもあったりします③。私はいいことと④思って、賛成します。

まず、⑤学生より清掃会社の専門家はもっといいと思います。清掃のスピードが速いだけでなく、教室はもっときれいにします。それでは、清掃会社のおかげで、学生はたくさんの時間があって、きちんと勉強することができます。

最後、⑤学生の環境はきれいになって、学生の気持ちもいいになります⑥。

教室の掃除は清掃会社に頼んでよいと思います。そうすると、学生のストレスを小さくなります⑦。

查一查

① 助词错误：が是主格助词，此处「教室の掃除」是宾语成分，改为「を」。
② 单词错误：改为「メリット」。
③ 语法错误：「たり～たりする」译为“有时……有时……”。此处应该表示“既有……又有……”，应改为「～も～ば、～も～」的表达更合适。
④ 接续错误：「と思う」前需用简体，改为「いいことだと思って」。

⑤ 使用错误：此处并没有明确表明几点，所以不需要用到表步骤顺序的连词，将「最後に」改为「それで」即可。

⑥ 接续错误：改为「よくなります」。

⑦ 语法错误：此处表示客观变化，改为「が小さくなります」。

【题目②】尊敬する人から学んだこと

从婴儿蹒跚学步，到少年挥斥方遒。这段时间我们从没停下的就是学习。我们从失败中学习，我们从练习中学习，我们从他人中学习。请你以「尊敬する人から学んだこと」为题，写一篇短文。

写作要点：

1. 说说你学到了什么。
2. 谈谈你如何运用所学的内容。
3. 总结全文。

写作要求：

1. 字数为280～320字。
2. 格式正确，书写清楚。
3. 使用「です・ます」体。
4. 所提示的内容必须在短文中体现出来。

【例文】

尊敬する人から学んだこと

私の一番尊敬する人は母です。私は２０歳の母に生まれました。その時父と母は苦しかったですから、お金がなかったです。だから、母は一生懸命に働いていました。家にお金が必要で、子供は学校に行くにもお金が必要です。

昔は何もありませんでした。十数年の時間が経つ。家にはもう車があります。私も自分の部屋があります。そして、私は母から一生懸命の精神を学びました。

高校三年生の私にとって、今こそ一生懸命に勉強すべきです。いい大学に合格するように、一生懸命に勉強したいと思います。高校の勉強生活で毎日頑張らなければなりません。誰でも自分の志望大学に入りたいです。自分の志望大学に受かることは一番大切なことだと思います。

理想な大学に入るように、一緒に頑張りましょう。

试一试

① ____;
② ____;
③ ____;
④ ____;
⑤ ____;
⑥ ____;

改错参考

尊敬する人から学んだこと

私の一番尊敬する人は母です。私は２０歳の母に生まれました①。その時父と母は苦しかったですから②、お金がなかったです。だから、母は一生懸命に働いていました。家にお金が必要で、子供は③学校に行くにもお金が必要です。

昔は何もありませんでした。十数年の時間が経つ④。家にはもう車があります。私も自分の部屋があります。そして、私は母から一生懸命の精神を学びました。高校三年生の私にとって、今こそ一生懸命に勉強すべきです。いい大学に合格するように⑤、一生懸命に勉強したいと思います。

高校の勉強生活で毎日頑張らなければなりません。誰でも自分の志望大学に入りたいです。自分の志望大学に受かることは⑥一番大切なことだと思います。

理想な大学に入るように、一緒に頑張りましょう。

查一查

① 句意错误：此处正确语序为"我出生时母亲才20岁"，改为「私が生まれた時、母はただ20歳でした。」
② 逻辑关系错误：前后并非因果关系，改为「お金がなかったから、苦しかったです」或者「お金がなくて、苦しかったです。」
③ 助词错误：此处为小主语，改为「が」。
④ 文体错误：改为「経ちました」。
⑤ 语法错误：「ように」前不能用意志性动词，改为「ために」。
⑥ 助词错误：表示小主语，改为「が」。

【题目③】：新入生の言葉

你作为一名高一新生，刚刚转入长城中学，现在需要做一段自我介绍。请以「新入生の言葉」为题，写一篇自我介绍。

写作要点：

1. 介绍你自己。
2. 你对高中的期待以及目标。
3. 总结全文。

写作要求：

1. 字数为280～320字。
2. 格式正确，书写清楚。
3. 使用「です・ます」体。
4. 所提示的内容必须在短文中体现出来。

【例文】

皆さん、おはようございます。

私はかなりうれしいです。皆さんは長城高校に集まっていますから。今まで、実家で長城高校は最もいい高校だと思います。

今日の社会においては、知識はとても重要なものです。だから、高校で三年間の勉強生活はかなり大切です。高校生として、勉強しないときにも、勉強しないわけにはいきません。ストレスは突然大きいになってきます。高校生活はどんなに苦しくても諦めないです。だから、私たちは心構えをしていなければなりません。もし、高校の生活は終わって、志望大学に入ったら、必ずうれしいでしょう。

高校の三年間、誰でも一生懸命に勉強しています。いつよりも一生懸命に勉強しています。学生にとって、一番大切なことは大学入試でいい成績と取ることです。

私たちの夢が叶うように、一緒に頑張りましょう。

试一试

① ______________________________；

② ______________________________；

③ ______________________________；

④ ______________________________；

⑤ ____;

⑥ ____;

⑦ ____;

改错参考

皆さん、おはようございます。

①私はかなりうれしいです。皆さんは長城高校に集まっていますから。今まで②、実家で長城高校は最もいい高校だと思います。

今日の社会においては、知識はとても重要なものです。だから、高校で三年間の勉強生活はかなり大切です。③高校生として、勉強しないときにも、勉強しないわけにはいきません。④ストレスは突然大きいになってきます⑤。高校生活はどんなに苦しくても諦めないです。だから、私たちは心構えをしていなければなりません。もし、高校の生活は終わって、志望大学に入ったら、必ず⑥うれしいでしょう。

高校の三年間、誰でも一生懸命に勉強しています。いつよりも一生懸命に勉強しています。⑦学生にとって、一番大切なことは大学入試でいい成績と取ることです。

私たちの夢が叶うように、一緒に頑張りましょう。

查一查

① 缺少自我介绍：应加上「～と申します」。
② 成分多余：限定范围为「実家で」，两个范围不能互补，所以删除「いままで」即可。
③ 前后衔接不连贯：前项说明学习很重要，但后项说学习压力大。前后形成转折关系，因此在此处加入「しかし」构成转折关系，使得文章逻辑更加连贯。
④ 前后衔接不连贯：前项说明作为学生的无奈，后项描述那样导致压力突然增大。因此在此处加入「それで」构成因果关系，使得句子逻辑更加连贯。
⑤ 接续错误：一类形容词加动词词尾「い」变「く」，改为「大きくなってきます」。
⑥ 单词搭配不当：后接推测一般用「きっと」，译为“一定很开心吧”。
⑦ 句子啰嗦：将两句合并成一句即可，即「高校三年間で、誰でもいつよりも一生懸命に勉強しています。」

【题目④】：ごみを減らそう

减少垃圾是保护环境的重要手段，减少垃圾是每位公民都应该亲力亲为的，这样才能够保护好自然环境。请以「ゴミを減らそう」为题，写一篇短文。

写作要点：

1. 谈谈垃圾的危害。

2. 说说日常生活中你为了减少垃圾所做的事。

3. 总结全文。

写作要求：

1. 字数为280～320字。

2. 格式正确，书写清楚。

3. 使用「です・ます」体。

4. 所提示的内容必须在短文中体现出来。

【例文】

ごみを減らそう

経済の発展につれて、いろいろなものは発明されました。社会がますますよくなっていますが、自然環境に悪影響ももたらします。ごみの問題をはじめ、いろいろな問題が現れてきます。地球温暖化は深刻なってくることが広く知られているようになります。

ごみを減らせて、リサイクルを実現できるように、私にできることが多いです。例えば、買い物する時、プラスチックの袋を使わないで、布で作った袋を使うようにします。

または、使い切った電池を乱暴に捨てないようにします。できるだけ、自家用車を利用しないで、バスや地下鉄や電車などを使った方がいいと思います。

今では、自然環境がこれ以上悪くなると、環境問題が大変なことになるかもしれません。皆の地球はユニークです。だから、未来に続く大切な自然を守れば、きっと素晴らしい未来が迎えられるでしょう。

✎ **试一试**

① ______________________________;

② ______________________________;

③ ______________________________;

④ ____;
⑤ ____;
⑥ ____;
⑦ ____;

改错参考

ごみを減らそう

経済の発展につれて、いろいろなものは①発明されました。社会がますますよくなっていますが、自然环②境に悪影響ももたらします。ごみの問題をはじめ、いろいろな問題が現れてきます。地球温暖化は深刻なってくることが広く知られているようになります。

ごみを減らせて③、リサイクルを実現できるように、私にできることが多いです④。例えば、買い物する時、プラスチックの袋⑤を使わないで、布で作った袋⑤を使うようにします。

または、使い切った電池を乱暴に⑥捨てないようにします。できるだけ、自家用車を利用しないで、バスや地下鉄や電車などを使った方がいいと思います。

今では、自然环②境がこれ以上悪くなると、環境問題が大変なことになるかもしれません。皆の地球はユニークです。だから、未来に続く大切な自然を守れば⑦、きっと素晴らしい未来が迎えられるでしょう。

查一查

① 助词错误：无主被动句（物作主语且被动对象不明）的主语用「が」。
② 日文汉字书写错误：改为「環」。
③ 单词错误：改为他动词「減らす」。
④ 逻辑错误：「ように」后项一般表明自己想法主张的语句，改为「私はいろいろなことをしました。」
⑤ 单词更正：プラスチックの袋（塑料袋）改为「レジ袋」；布で作った袋（环保袋）改为「エコバック」。
⑥ 单词错误：「乱暴」意为粗暴、粗鲁。此处应为随意丢弃，改为「勝手に」。
⑦ 语句错误：此句想表达“只要继续保护环境”，改为「大切な自然を守り続ければ」。

【题目⑤】

邀请已经来中国一年的山本先生参加在学校举行的关于「日本人の中国についての考え」的交流会。时间为10月15日（周五）下午2点至5点。请你给山本先生写一封邀请函。

写作要点：

1. 邀请山本先生。

2. 说明时间、地点和简单内容。

写作要求：

1. 字数为280～320字。

2. 格式正确，书写清楚。

3. 使用「です・ます」体。

4. 所提示的内容必须在短文中体现出来。

【例文】

山本様へ

ご無沙汰しております。

紅葉の季節になりました。中国へ来てから、もう一年が過ぎました。お忙しいところを、メールを送って申し訳ございません。実は、願うことがありますけど。１０月１５日の時、つまり金曜日の２時から、５時までうちの学校で「日本人の中国についての考え」と課題についての交流会が開催されます。

私たちにとって、山本様の見方は大切なものです。交流会の間に、中国の良い点と悪い点、何んでも言えます。そして、一番好きなところも言えます。もし今回の交流会にいらっしゃってくれれば、誠にありがとうございます。

だんだん寒くなってきましたが、体調等崩されませんよう、ご自愛ください。また、ご連絡いたします。

✎试一试

① ______________________________;

② ______________________________;

③ ______________________________;

④ ______________________________;

⑤ ______________________________;

⑥ ____;

⑦ ____;

改错参考

山本様へ

ご無沙汰しております①。

紅葉の季節になりました。中国へ来てから、もう一年が②過ぎました。お忙しいところを、メールを送って申し訳ございません。実は、願うことがありますけど③。１０月１５日の時、つまり金曜日の２時から、５時までうちの学校で④「日本人の中国についての考え」と課題⑤についての交流会が開催されます。

私たちにとって、山本様の見方は大切なものです。交流会の間に、中国の良い点と悪い点、何んでも言えます。そして、一番好きなところも言えます。もし今回の交流会にいらっしゃってくれれば⑥、誠にありがとうございます。

だんだん寒くなってきましたが、体調等崩されませんよう、ご自愛ください。また、ご連絡いたします。

　　年　　月　　日

○　○　⑦

查一查

① 格式错误：信件段落应空一格。

② 助词错误：量词修饰单词无需用助词。

③ 口语表达错误：写作不可出现口语表达，改为「から」或「が」。

④ 语序错误：「10月15日」比「金曜日」准确，应调换位置，改为「金曜日、つまり10月15日」。

⑤ 语法错误：改为「という課題」。

⑥ 需用敬语：与对方相关的动作需用尊他语，改为「くだされば」。

⑦ 日期署名：添加日期、署名。

【题目⑥】：2022年へ向かって

时光流逝，已经临近2021年年末，对即将到来的2022年你有什么目标或打算。请以「2022年へ向かって」为题，写一篇短文。

写作要点：

1. 说说你在2022年的目标。

2. 谈谈为了达到目标你所需要做出的努力。

3. 总结全文。

写作要求：

1. 字数为280～320字。

2. 格式正确，书写清楚。

3. 使用「です・ます」体。

4. 所提示的内容必须在短文中体现出来。

【例文】

2022年へ向かって

時が経つに連れて、高校三年生になります。そして、今は2021年の年末です。時間もきつくになります。2021年に、自分の志望大学に入るように、誰でもは一生懸命に勉強しています。私も同じです。私はクラスメートから努力の精神を学びました。

2022年に、志望大学に入るには、一生懸命に勉強しなければなりません。私はとても大きい計画を立てました。ストレスを減らせるために、今度は日本語と地理に専攻したいです。初めての大学入試にいい成績を取った方がいいです。

その計画が叶えるように、すべきことは多いです。自由な時間を利用するのは一番大切なことだと思います。また、毎日やる気満々も大切です。

自分の志望大学に入るように、一生懸命に勉強しましょう。

试一试

① ____;

② ____;

③ ____;

④ ____;

⑤ ____;

⑥ ____;

⑦ ____;

改错参考

2022年へ向かって

時が経つに連れて、高校三年生になります①。そして、②今は2021年の年末です。時間もきつくに③なります。２０２１年に、自分の志望大学に入るように、誰でもは一生懸命に勉強しています。私も同じです。私はクラスメートから努力の精神を学びました。

2022年に、志望大学に入るには、一生懸命に勉強しなければなりません。私はとても大きい計画を立てました。ストレスを減らせる④ために、今度は日本語と地理に⑤専攻したいです。初めての大学入試にいい成績を取った方がいい⑥です。

その計画が叶える⑦ように、すべきことは多いです。自由な時間を利用するのは一番大切なことだと思います。また、毎日やる気満々も大切です。

自分の志望大学に入るように、一生懸命に勉強しましょう。

查一查

① 时态错误：因为现在已经成为高中生了，所以应使用过去时，改为「ました」。
② 逻辑错误：前后项无并列以及递进关系，删除「そして」。
③ 接续错误：一类形容词加动词，去掉「に」。
④ 单词错误：改为他动词「減らす」。
⑤ 助词错误：「専攻する」是他动词，提示宾语用「を」。
⑥ 逻辑错误：作者想表达“为了减负，专攻日语和地理，并在第一次考试上成绩高一些为好”。逻辑过于中式。前句为“为了减负想先专攻日语和地理”，已是自己的想法。顺着逻辑，此句应是前句的结果，意思应该为“并第一次高考中取得好成绩”。改为「そして、初めての大学入試でいい成績を取ります。」
⑦ 动词错误：「ように」前应该用非意志性动词，改为「叶う」。

【题目⑦】：自由な時間があったら

高中三年，我们都在紧张的学习中度过。其实，除了学习之外，很多人都希望有自己独立支配的时间，做自己想做的事情。请根据下面的写作要点，以「自由な時間があったら」为题，写一篇短文。

写作要点：

1. 简单介绍你将如何支配自由时间。

2. 列举事例，具体说明。

3. 叙述你那样做的理由。

写作要求：

1. 字数为280～320字。

2. 格式正确，书写清楚。

3. 使用「です・ます」体。

4. 所提示的内容必须在短文中体现出来。

【例文】

自由時間があったら

普段、高校三年生にとって、志望大学に合格するために、毎日宿題をたくさんしたり、知らない知識を勉強したりしています。それで、時間がきつくなってきました。だから、他のことは何でもできません。

自由な時間があったら、昔から今までずっとやりたいことをしようと思っています。例えば、上海をはじめて、いろいろな大都市に行きたいです。なぜかというと、小さい頃からずっと田舎に住んでいて、他の都市に泊まりたいと思っています。

また、私はおいしい料理を食べたいです。大都市におけて、特別な食べ物があります。だから、いろいろな食べ物を食べたいです。それに、時間があったら、ぜひ自分で素晴らしい料理を作りたいです。その後、「自分はやっとやった」と誇らしげに言って、楽しみはたとえようもないだろう。

自由な時間があったら，良かったです。

试一试

① ____________________；

② ____________________；

③ ____________________；

④ ____________________；

⑤ ____________________；

改错参考

自由時間があったら

普段、高校三年生にとって、志望大学に合格するために、毎日宿題をたくさんしたり、知らない知識を勉強したりしています。それで、①時間がきつくなってきました。だから、他のことは何でも②できません。

自由な時間があったら、昔から今までずっとやりたいことをしようと思っています。例えば、上海をはじめて③、いろいろな大都市に行きたいです。なぜかというと、小さい頃からずっと田舎に住んでいて、他の都市に泊まりたいと思っています。

また、私はおいしい料理を食べたいです。大都市におけて、特別な食べ物があります。だから、いろいろな食べ物を食べたいです。それに、時間があったら、ぜひ自分で素晴らしい料理を作りたいです。その後、「自分はやっとやった」と誇らしげに言って、楽しみはたとえようもないだろう④。

自由な時間があったら，⑤良かったです。

查一查

① 逻辑错误：前后并非因果关系，改为「そして、時間がとてもきついです。」
② 语法错误：改为「何もできません」。
③ 语法错误：此语法有「をはじめ」和「をはじめとする」两种形式。
④ 文体错误：改为「でしょう」。
⑤ 标点错误：改为「。」。

第二节　惯用语

同学们在学习日语的过程中，或多或少听到过或看到过「頭が痛い」、「顔が広い」、「口に合う」等这些表达。这些固定的词组被称为惯用语，日语称作「慣用句」。它们在日常会话中和书写文章时频繁被使用。很多时候我们不能光从字面意思去推断惯用语所表达的意思，应该注意辨析语境，弄清它的感情色彩。

在日语里，跟头、眼睛、口、手等身体有关的惯用语特别多。同学们作为日语学习者能在不同的场合精准使用惯用语，也是日语水平的彰显。所以在写作文时，恰当地使用日语中的惯用语，能够提升作文用语的档次，起到提分的效果。

常用惯用语参考

【描写人或物特征形象】

日语表达	中文参考
目が高い	有眼光、有眼力
目につく	显眼、引人注目
顔が広い	交友关系广
顔に書いてある	写在脸上，形容从表情上看出心情
鼻が高い	得意洋洋、趾高气扬
口がうまい	嘴甜、会说话
口が重い	少言寡语
口が堅い	嘴紧、守口如瓶
口が軽い	嘴快、说话轻率
口が悪い	说话刻薄
耳が遠い	听不清、耳朵背
胸を張る	充满自信
手が空く	不忙、有空
手がいっぱい	没闲暇、没空，形容忙
手が足りない	人手不够
手が離せない	没法脱手，形容忙

续表

日语表达	中文参考
腕がいい	技术水平高
気が強い	主观意识强、固执、好强
気が長い	节奏慢、性子慢、有耐心
気が短い	性子急、没耐心
気が弱い	胆怯、畏首畏尾

【描写行为】

日语表达	中文参考
目を通す	（从头到尾）浏览
目を丸くする	（因吃惊）睁大眼睛看
鼻で笑う	用鼻子轻声冷笑（轻视、蔑视他人时的笑法）
口がすべる	一不留神说漏嘴，失言
口にする	说话或品尝（美味）
口をきく	说话、交谈
口を出す	插嘴、插话
耳に入れる	告知
耳にする	不经意间、偶然间听到
耳を傾ける	侧耳倾听
肩を持つ	袒护
手に入れる・手に入る	到手，据为己有
手にする	拿到手，掌控在手中
手をつける	开始做/吃，或表示动用、挪用公款
手を抜く	做事草率、偷工减料
手を引く	收手不干，断绝联系
気がつく	察觉、发觉

【抒发情感】

日语表达	中文参考
頭が痛い	头疼
頭に来る	发火、上头
頭を離れない	无法忘记、无法释怀
口に合う	合口味
耳が痛い	（内容跟听话人的弱点有关）听起来难受
耳を疑う	怀疑自己的耳朵，难以置信
息が合う	合得来
肩を落とす	（因失望、乏力等）提不起劲
腹が立つ	生气、发火
胸がいっぱい	内心充满喜悦、悲伤、期待、感动等情感
足が重い	内心抗拒、懒得去
気が進まない	提不上劲、没心思做
気に入る	中意、满意
気にかける	挂念、担心
気にする	担心、介意（自己的错误或弱点）
気になる	在意、牵挂
心が揺れる	动摇、不坚定
心を打つ	感动、打动（人心）

【描写经历】

日语表达	中文参考
頭に入れる	记住、记忆
目にする	不经意间、偶然间看到
顔に泥をぬる	丢脸
顔を出す	出席、露面
耳にする	不经意间、偶然间听到
身につく・身につける	学到手，掌握

【描写看法】

日语表达	中文参考
目に浮かぶ	浮现在眼前
長い目で見る	长远看
手が届く	触手可及、力所能及

第三节　口语表达与书面表达

口语表达的用词较随意，书面表达的用词较规范。作文不同于口语，我们在写作文的时候需要用书面表达。提醒同学们注意，日语的口语表达和书面表达与日语的简体和敬体是完全不同的概念，千万别混淆。

常用词口语 VS 书面语参考表

口语（話し言葉）	书面语（書き言葉）
じゃ	では
～とか～とか	～や～など
でも・けど	しかし・が
やる	する
みたい	よう
うまい	上手・おいしい
ちゃう じゃう	てしまう でしまう
というのは～からです	なぜなら～からです
～なきゃ	～なければ
～なくちゃ	～なくては
ほんと	本当
ばっかり	ばかり
やっぱり	やはり
だめです	いけません
こんな そんな あんな	このような そのような あのような
いろんな	色々な・様々な
たぶん	おそらく
もっと	さらに・より
あんまり	あまり
ちょっと	少し・わずか

第四节 升华主题

升华主题是书写选择类以及话题类日语作文时常用的一种提分技巧，可以使文章更加有深意。那我们如何在高考日语作文中运用到这一技巧呢？

高考日语大作文写作要求中，字数要求是280～320字左右，字数范围内我们能表达的内容很有限。在结尾时用1～2句简短的句子来升华主题的话，将文章中一个浅显、普遍的问题提升一个层面，使他人能感同身受，从而使文章中心更加深刻且突出，其主要方法有以下几种。

常见的日语写作中升华主题技巧

1. 由表及里，揭示本质升华主题；
2. 由点到面，揭示普遍性升华主题；
3. 由此及彼，举一反三升华主题；
4. 由个人到国家，由个人命运向国家民族命运升华主题。

无论哪种技巧简而言之都是以小见大的方式。

以下是按五个场景①呼吁、号召 ②决心、意志 ③感悟、感想 ④感恩、感谢 ⑤推测、预言细分后的升华主题常用表达参考：

1.【呼吁、号召】

日语表达	中文参考
一緒に～～しましょう	一起做……吧
協力し合い、～～をしなければなりません	必须一起协作做……
協力して、頑張りましょう	一起协作、加油吧
話し合いながら、～～しましょう	（大家一起）边商量边……吧
みんなの力を合わせて、～～乗り越えて行きましょう	大家一起合力克服……吧
～～ために、～～しましょう	为了……，（一起）……吧
～～を大事・大切にしましょう	爱护/爱惜/珍惜……吧
～～をきれいにしましょう	把……弄干净、整洁、漂亮吧

续表

日语表达	中文参考
～～ように注意してください	请注意要……
～～しないでください	请不要……

2.【决心、意志】

日语表达	中文参考
～～を大切にしなければなりません	必须珍惜……
～～に気を付けなければなりません	必须注意/当心……
～～と信じます	（我）相信……
～～ように頑張ります	加油努力做到……
～～ようにしていきたいです	想要努力做到……
できる限り、～～やってみたいです	想要尽所能尝试做……
～～ようと決心しました	下决心要……
～～に努力したいと思っています	一直想在……方面努力
できることをしっかりと実行しようと思います	（我）决定将力所能及的事情付诸行动
将来～～になろうと思っています	（我）将来想成为……

3.【感悟、感想】

日语表达	中文参考
～～ということが分かりました	明白了……道理
～～て初めて、～～ことに気づきました	……之后，我才意识到……
そのことから、～～という理念がもっと固まりました	因为那件事，（我）对……理念的理解更深刻了
～～で、～～というものが心に浮かびます。	因为……，……涌上心头
～～を通じて、～～といろいろ考えさせてもらいます。	通过……，我思考了很多……
～～ほうがいいと思います	（我）觉得还是……好
これは、～～にとっても大変参考になると思います	这个对……来说是非常有参考价值的
～～、役に立てればと思います	（我觉得）要是对……有用就好了

续表

日语表达	中文参考
～～、欠かせないものだと思います	我认为……不可或缺
諦めなければ、必ず成功できます	坚持就是胜利

4.【感恩、感谢】

日语表达	中文参考
～～のおかげで、～～ができて、本当に感謝しています	多亏了……，才能……，由衷感谢
人々の幸福をもたらして、ありがとうございます	给人们带来幸福，非常感谢
自然の恵みで、私たちは～ができて、ありがとうございます	大自然的馈赠让我们得以……，非常感谢
～～くださって、心から感謝しています	能够给予我……，由衷感谢
～～に対して、感謝の気持ちを持つべきです	对于……，应抱有感谢的心
～～への感謝の気持ちで胸がいっぱいです	对……充满感激之情
恩返しできるよう、頑張ります	为了报答……，要努力
～～に出会えた事、心から感謝しています	能够遇到……，由衷感谢
～～が私の希望です，～～は私の宝です	……是我的希望，……是我的宝藏
私は～～のおかげで今ここにいるのです	多亏了……，才有现在的我

5.【推测、预言】

日语表达	中文参考
これから・今後も～～続くでしょう	……大概今后也会持续
これから・今後も～～増えていくでしょう	……大概今后也会增加
これから・今後もその傾向が続くだろうと思います	……这种倾向大概今后也会持续
～～、これから・今後・将来は楽しみです	期待……的将来
～～これから・今後・将来、どうなるかとても楽しみです	……将来会变成怎么样，对此非常期待
～～がこれからの課題だと思います	我认为……是今后的课题
～～と言えましょう	大概可以说是……

掌握了常用表达后，我们具体来看看如何在文章的结尾升华主题。

■ **例①：** 地球温暖化について

要するに、車の利用の制限だけでなく、普段から地球温暖化問題のことを意識するようにしていきたいものです。

◎ 解析：

由表及里，地球变暖问题，不单单是简单的限制私家车出行，更是要无时无刻注意这一问题。

■ **例②：** 失敗から学んだこと

私にとって、今回の経験がとてもいいものです。その中から、諦めなければ、必ず成功できるということが分かりました。

◎ 解析：

从具体的事情、经验中所得出的道理，突出了你对此事的感悟，从而升华主题，突出中心思想。

■ **例③：** 高校三年間の勉強について

勉強だけでなく、どんなことでも、できるだけ自分でやってみれば、いつか成功するかもしれません。

◎ 解析：

由点到面，通过揭示事物普遍性从而升华主题。讲述了只要竭尽所能，一切皆有可能的道理。

■ **例④：** 初めて料理を作った体験

チャーハンの作り方が簡単だが、失敗したこともあります。ですから、何のことでも、最初から真剣にやった方がいいと思います。

◎ 解析：

由小见大，从小小的炒饭失败的事情，延伸至应该认真做事，不轻视任何事情的普遍道理上，从而升华主题，深化中心思想。

■ **例⑤：** 情報社会

すべてのことに両面があります。だから、情報を活用する一方、それに振り回されな

いように注意してください。

◎ 解析：

由点到面，描述在信息化急速发展的社会中，有好处同时也有坏处。事物皆有两面性，要小心"双刃剑"。从而升华主题，发人深省。

■ 例⑥： チームワークについて

今回の部活動のことで、チームワークの大切さを感じました。チームワークはほかの組織活動や仕事においても、欠かせないものだと思います。

◎ 解析：

由点到面，通过介绍一件具体的小事，来凸显出团队合作的作用，再以此类推延伸到其他事情上，升华并突出团队合作这一主题。

■ 例⑦： 席を譲ることについて

席を譲ることで一番大切なのは、いいことをやって、人に褒められることではなく、思いやりを持たなければいけないということだと思います。だから、これからも積極的に席を譲ってあげたいです。

◎ 解析：

由具体的事物中得出的道理，延伸至今后的为人处世方式。以此升华主题，突出中心思想。

■ 例⑧： 遊びと学び

日常生活の中に、遊びと学びとのバランスがとても重要です。それだけでなく、リラックスと仕事とのバランスも良く取り入れましょう。

◎ 解析：

由此及彼，通过学习与玩耍的关系，延伸至放松与工作的关系。触类旁通，突出文章中心思想，升华主题。

除了掌握以上提分技巧外，同学们还需切记作文是手写文章，阅卷老师第一眼看到的是卷面字迹，要注意字迹清晰且保持卷面整洁。

第二部分

实战练习

第一节　环境（两篇）

练习题（1）

由于工业时期，人类为了发展对自然造成了巨大的危害。尤其是对大气的危害，大气与我们息息相关，可是由于人类的无端的破坏环境，使大气严重污染，导致了大气变暖越发严重。请以「地球温暖化について」为题，写一篇短文。

写作要点：

1. 说说大气变暖所造成的危害。
2. 谈谈你对改善大气变暖有什么看法。
3. 总结全文。

写作要求：

1. 字数为280～320字。
2. 格式正确，书写清楚。
3. 使用「です・ます」体。
4. 所提示的内容必须在短文中体现出来。

练习用：

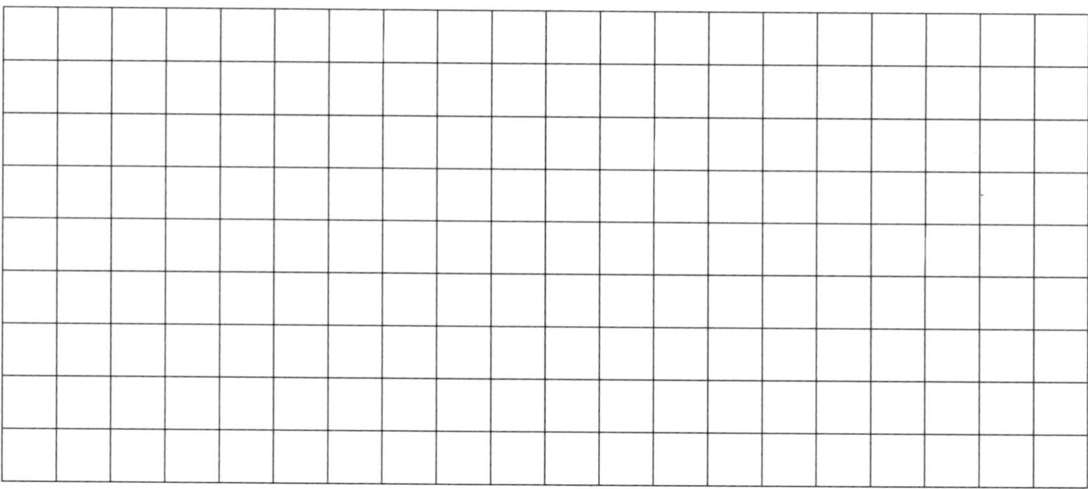

练习题（2）

减少垃圾是保护环境的重要手段，减少垃圾是每位公民都应该亲力亲为的，这样才能够保护好自然环境。请以「ゴミを減らそう」为题，写一篇短文。

写作要点：

1. 谈谈垃圾的危害。
2. 说说日常生活中你为了减少垃圾所做的事。
3. 总结全文。

写作要求：

1. 字数为280～320字。
2. 格式正确，书写清楚。
3. 使用「です・ます」体。
4. 所提示的内容必须在短文中体现出来。

练习用：

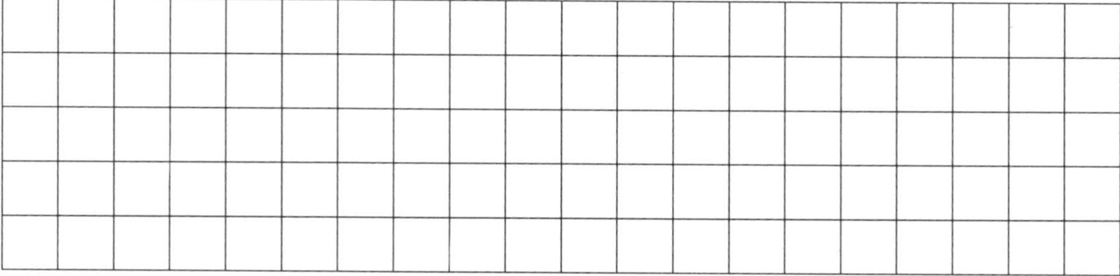

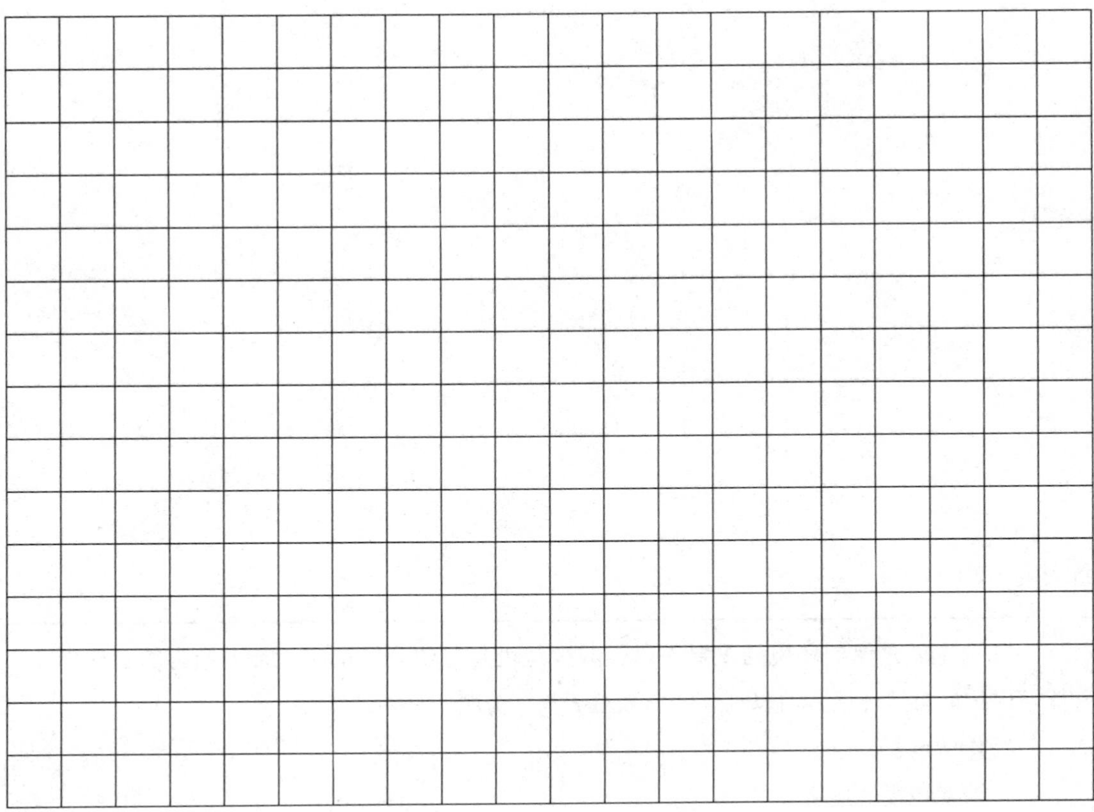

第二节　习俗（两篇）

练习题（1）

在我国历史上，中国与日本的交流很密切，但毕竟地理位置以及习俗的不同，两国的思考方式又存在许多差异。请以「日本人と中国人の考え方の違い」为题，写一篇短文。

写作要点：

1. 说说为什么日本人和中国人的思想有差异。
2. 谈谈两国人的思想有什么样的差异。
3. 总结全文。

写作要求：

1. 字数为280～320字。
2. 格式正确，书写清楚。
3. 使用「です・ます」体。
4. 所提示的内容必须在短文中体现出来。

练习用：

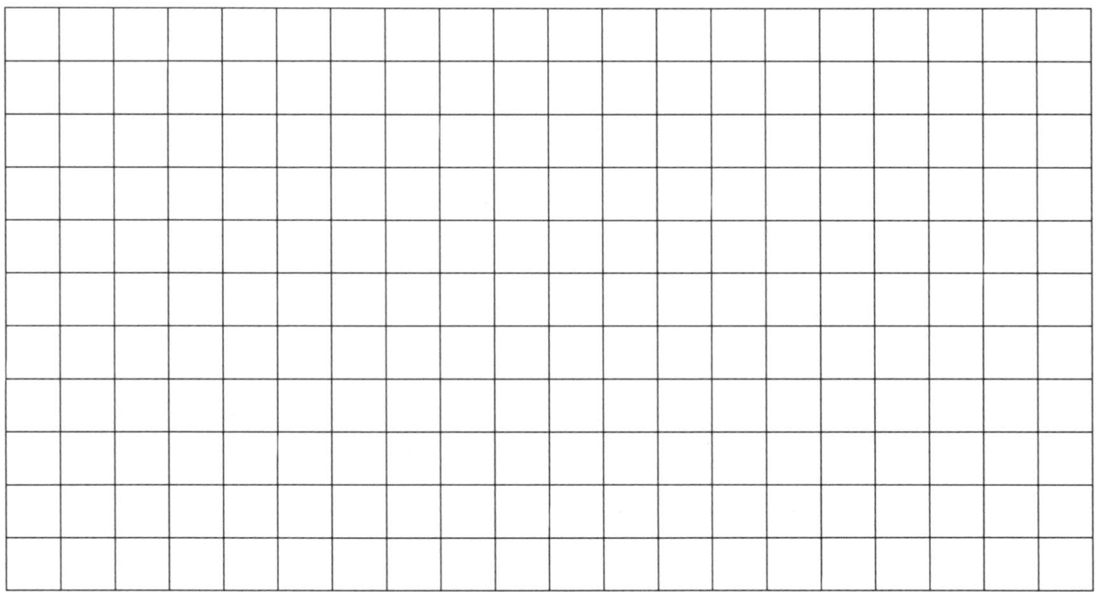

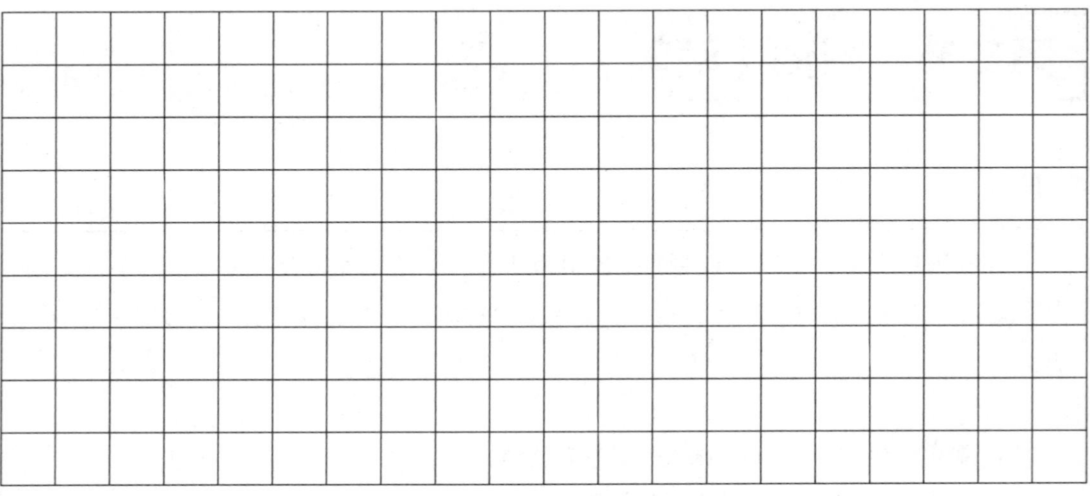

练习题（2）

中国与日本一衣带水，两襦咫尺，自古交往密切。日本文化传承中国文化，与中国文化有许多相似之处。两国都注重礼仪，是礼仪之邦。学习日语之后，你对日语有了进一步的了解，谈谈你对日本习俗有什么新的发现。请以「日本の習慣」为题，写一篇短文。

写作要点：

1. 说说你对日本习俗的了解。
2. 谈谈这些习俗的由来。
3. 总结全文。

写作要求：

1. 字数为280～320字。
2. 格式正确，书写清楚。
3. 使用「です・ます」体。
4. 所提示的内容必须在短文中体现出来。

练习用：

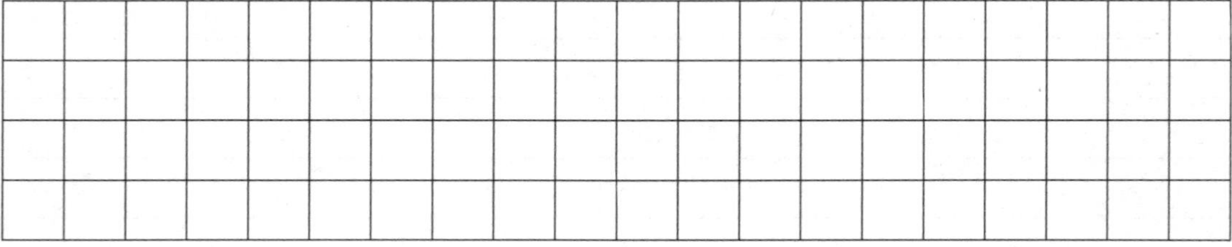

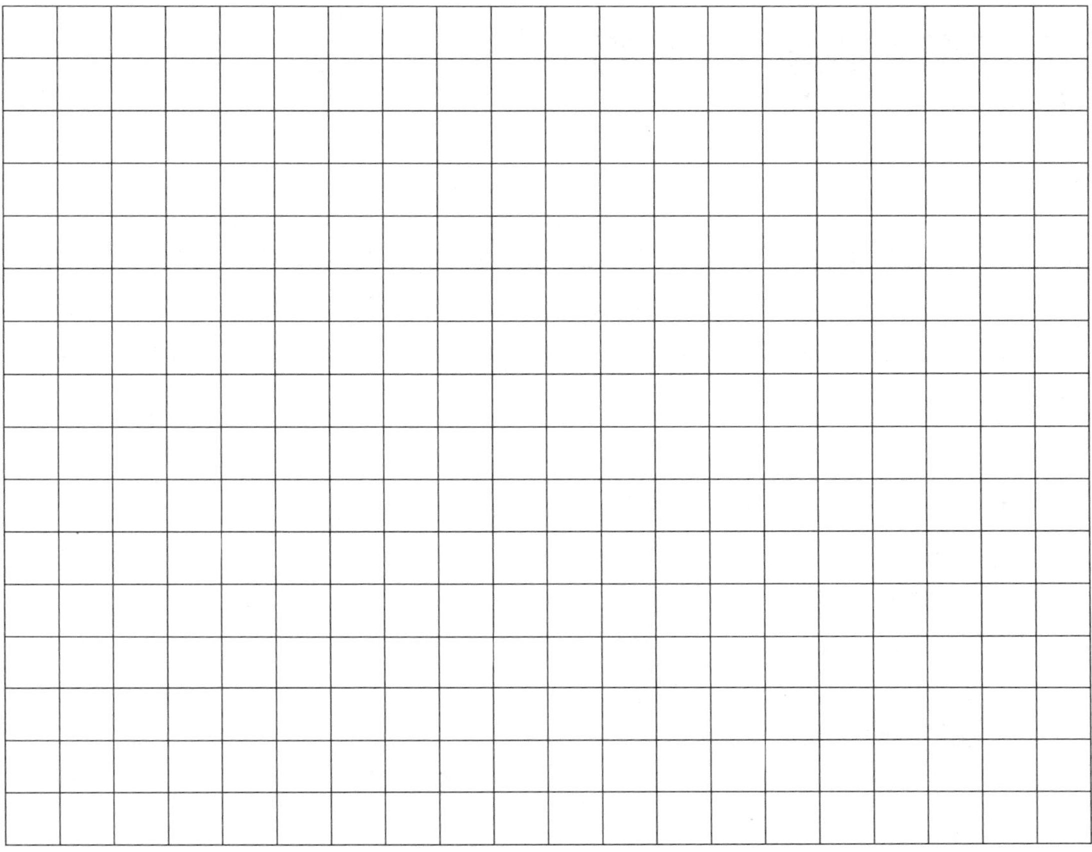

第三节　教育 1（两篇）

练习题（1）

在现代各类事业的发展中，娱乐事业一直受到人们的关注，不论是游戏，还是新出的户外活动，都大受人们欢迎。然而，读书这一娱乐活动却被广大娱乐爱好者所忘却，你对读书这项既休闲又能学习的娱乐活动有什么看法。请以「読書について」为题，写一篇短文。

写作要点：

1. 说说目前社会上人们读书的现状。
2. 谈谈读书的好处，以及你对读书的看法。
3. 总结全文。

写作要求：

1. 字数为280～320字。
2. 格式正确，书写清楚。
3. 使用「です・ます」体。
4. 所提示的内容必须在短文中体现出来。

练习用：

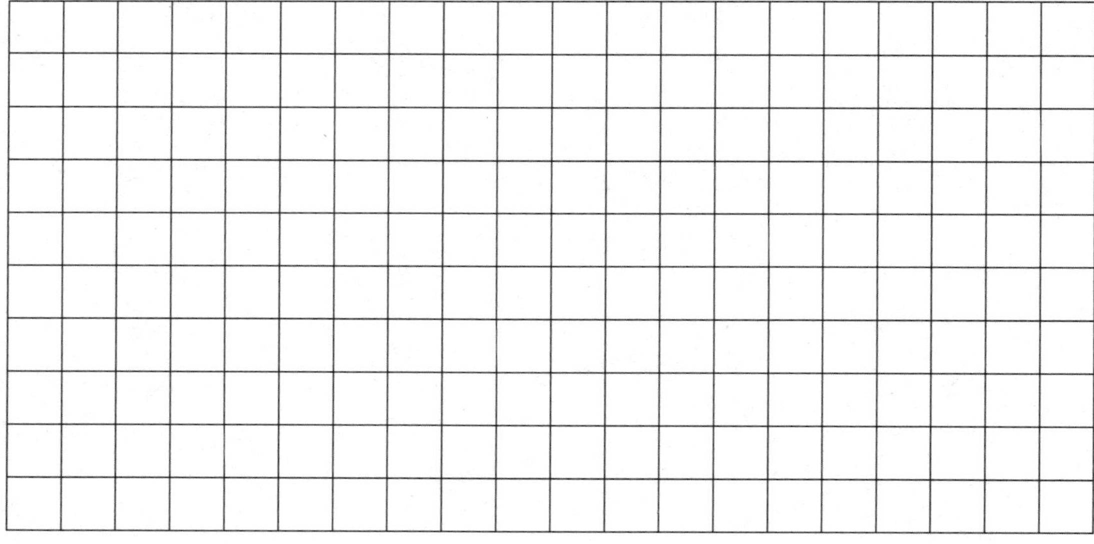

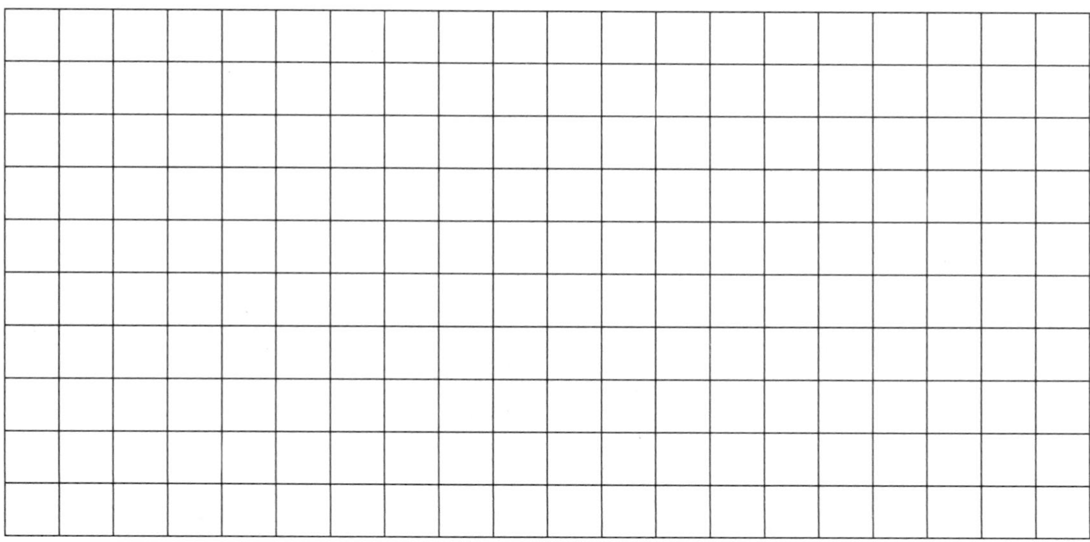

练习题（2）

从初入学堂至今已10余载，你始终在学习在成长，而在高中的这三年从某种意义上来说是你的人生中关键性的三年，你在这三年的学习对你的成长至关重要。请以「高校で学んだこと」为题，写一篇短文。

写作要点：

1. 说说你在这三年学到了什么。
2. 谈谈是什么让你有所得。
3. 总结全文，说说对未来的期望。

写作要求：

1. 字数为280～320字。
2. 格式正确，书写清楚。
3. 使用「です・ます」体。
4. 所提示的内容必须在短文中体现出来。

练习用：

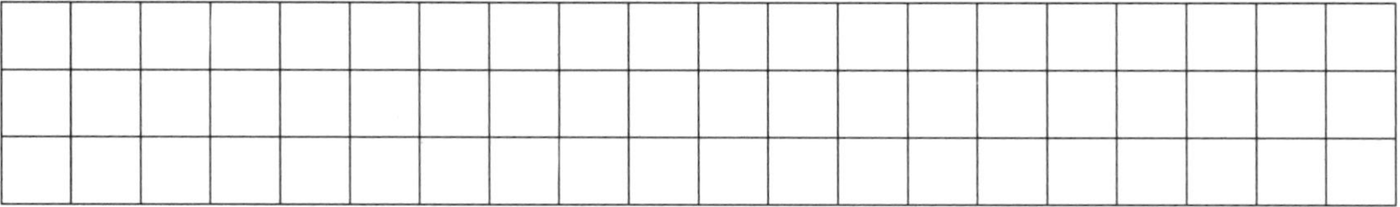

第四节　教育 2（两篇）

练习题（1）

人生短短三万天，在我们已过的这6000多天中，你认识了很多人，也学会了很多事。在你将近五分之一的人生中，对你来说最珍惜的人是谁？请以「大切な人」为题，写一篇短文。

写作要点：

1. 说说你最珍惜的人是谁。
2. 谈谈为什么他/她是你最珍惜的人。
3. 总结全文。

写作要求：

1. 字数为280～320字。
2. 格式正确，书写清楚。
3. 使用「です・ます」体。
4. 所提示的内容必须在短文中体现出来。

练习用：

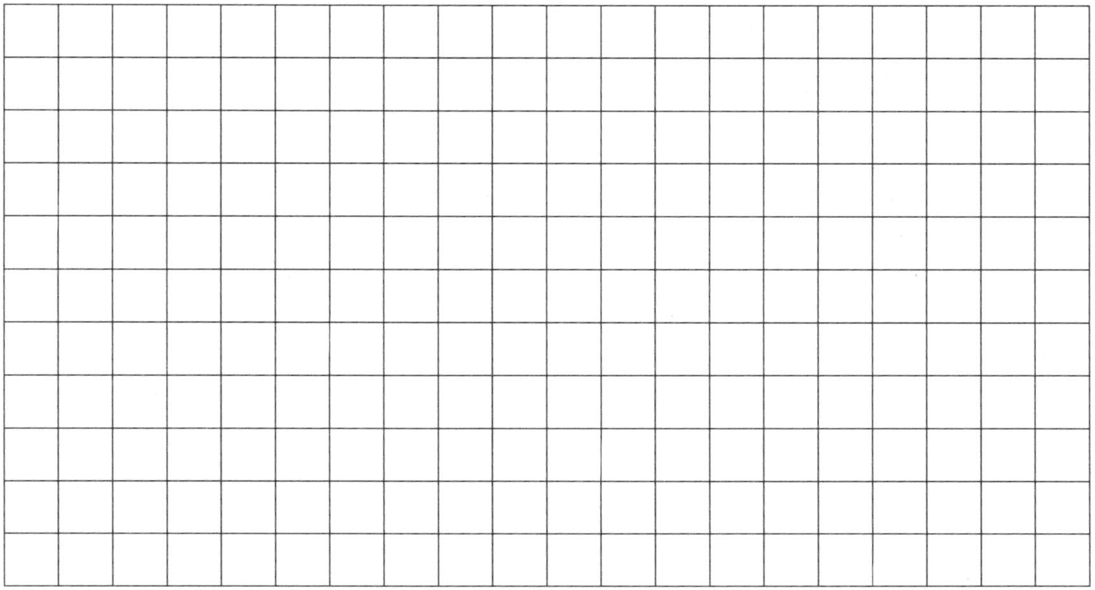

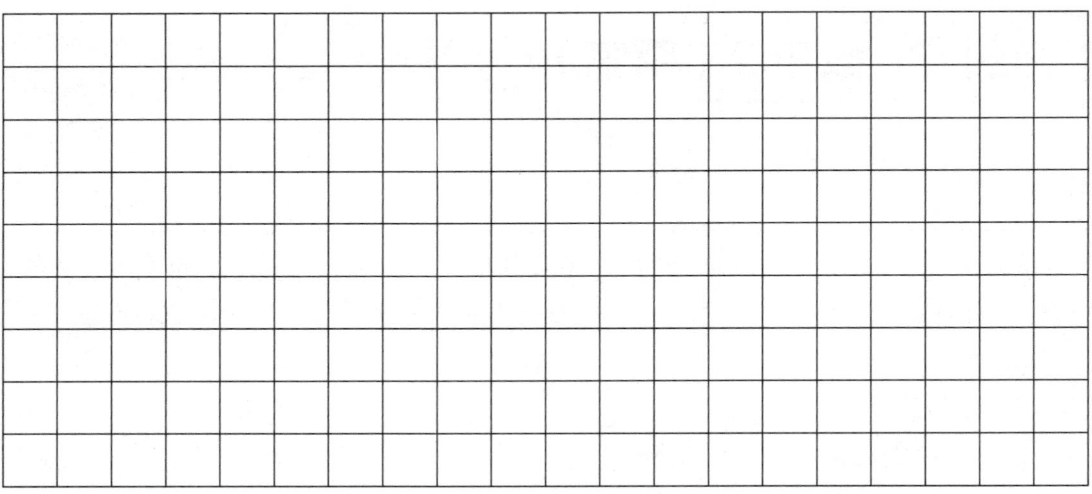

练习题（2）

人生短短几十年，人类之所以能够发展至今，是因为人类拥有着梦，特别是在我国，梦这一词得到了很好的诠释。它既是我们发展的动力也是我们精神的支柱。请以「わたしの夢」为题，写一篇短文。

写作要点：

1. 说说你的梦想是什么。
2. 谈谈为了你的梦想你需要做什么。
3. 总结全文。

写作要求：

1. 字数为280～320字。
2. 格式正确，书写清楚。
3. 使用「です・ます」体。
4. 所提示的内容必须在短文中体现出来。

练习用：

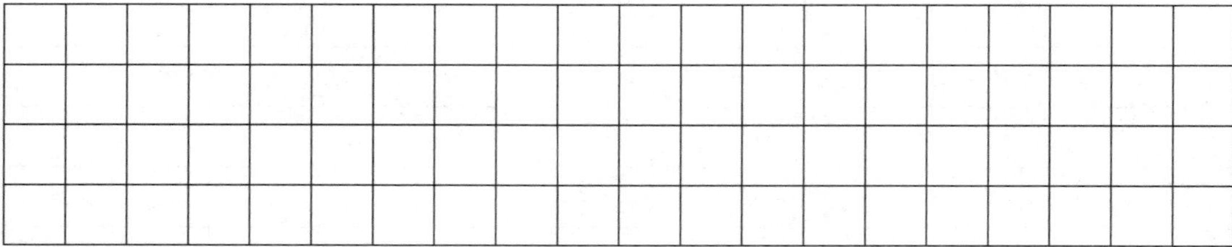

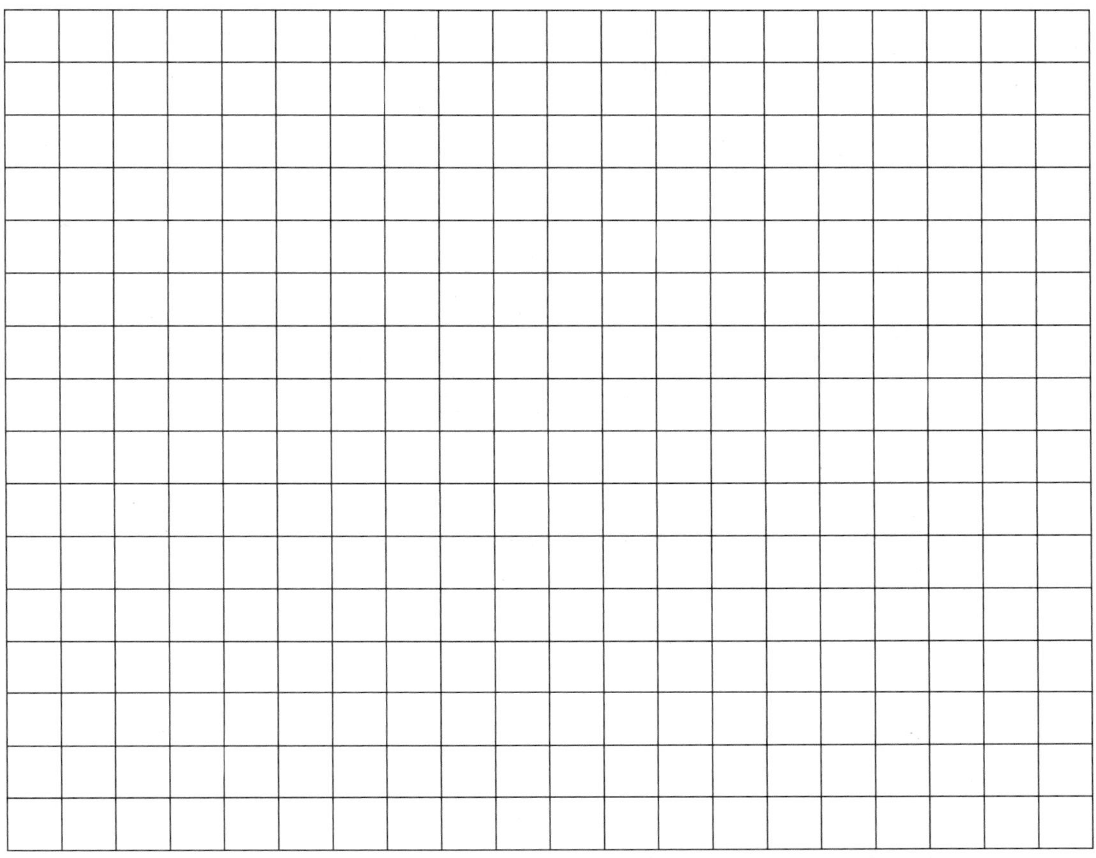

第五节　科技（两篇）

练习题（1）

随着经济以及科技的发展，人们的生活越来越便利，人们的生活方式也发生了巨大的改变，一些基础的活动形式也发生了巨大变化。比如购物就分成了实体店购物和网络购物。网购的出现使得人们生活越发便利，也出现了许多如假货之类的不好的现象。那到底是哪个购物方式更好呢？请以「買い物について」为题，写一篇短文。

写作要点：

1. 说说你更喜欢哪一种购物方式。
2. 谈谈你喜欢这一购物方式的理由。
3. 总结全文。

写作要求：

1. 字数为280～320字。
2. 格式正确，书写清楚。
3. 使用「です・ます」体。
4. 所提示的内容必须在短文中体现出来。

练习用：

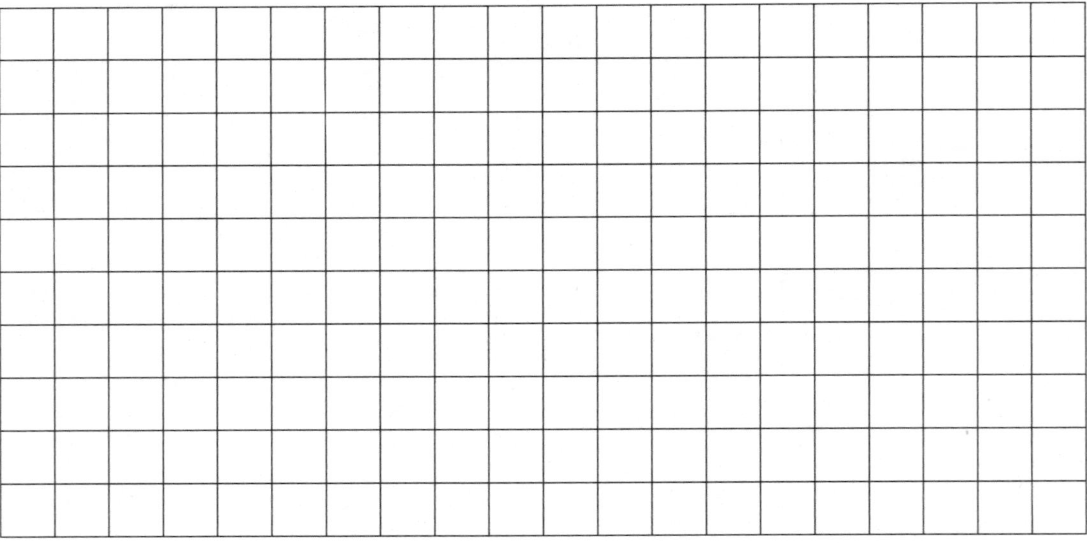

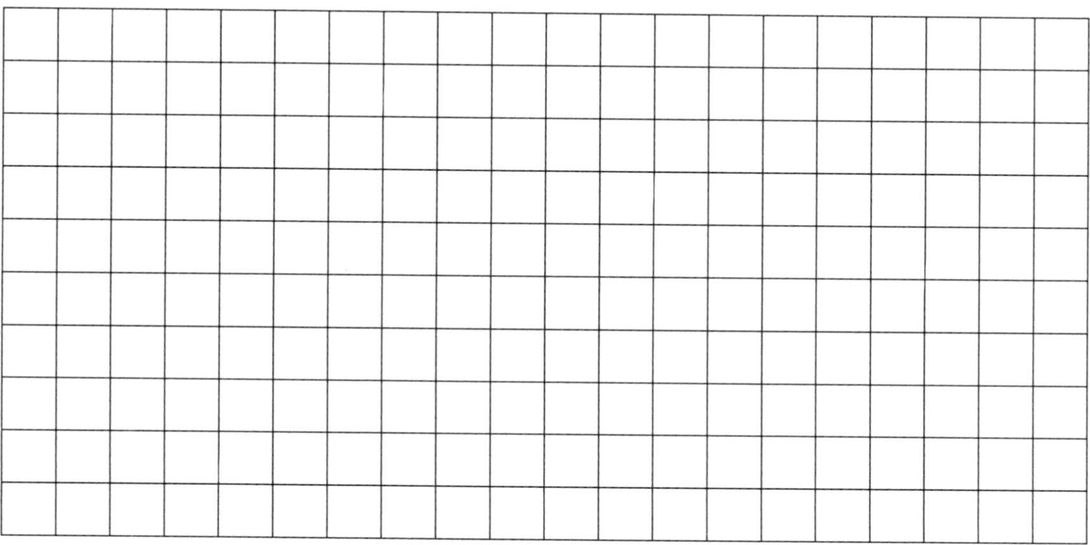

练习题（2）

科技的进步，对人类的影响极其深远，在这百余年间，无论是生活方面，还是应用方面，科技都无处不在。最近，出现了一种新型的科技一家用机器人。它可以帮忙做家务，解放人的双手。你认为这一发明如何？请你以「家庭用ロボット」为题，写一篇短文。

写作要点：

1. 说说你对家用机器人的了解。
2. 谈谈你对家用机器人的看法。
3. 总结全文。

写作要求：

1. 字数为280～320字。
2. 格式正确，书写清楚。
3. 使用「です・ます」体。
4. 所提示的内容必须在短文中体现出来。

练习用：

第六节　时事（两篇）

练习题（1）

为了防止疫情感染的扩大，我国各地都开展了线上授课，从小学到大学，都以线上的形式进行授课，同学们不能在现实中面对面交流，只能隔着屏幕听着老师和同学们发言，让同学们又是新奇，又是无奈。请你以「オンライン授業について」为题，写一篇短文。

写作要点：

1. 说说疫情下线上授课的情况。
2. 谈谈你对线上授课的看法。
3. 总结全文。

写作要求：

1. 字数为280～320字。
2. 格式正确，书写清楚。
3. 使用「です・ます」体。
4. 所提示的内容必须在短文中体现出来。

练习用：

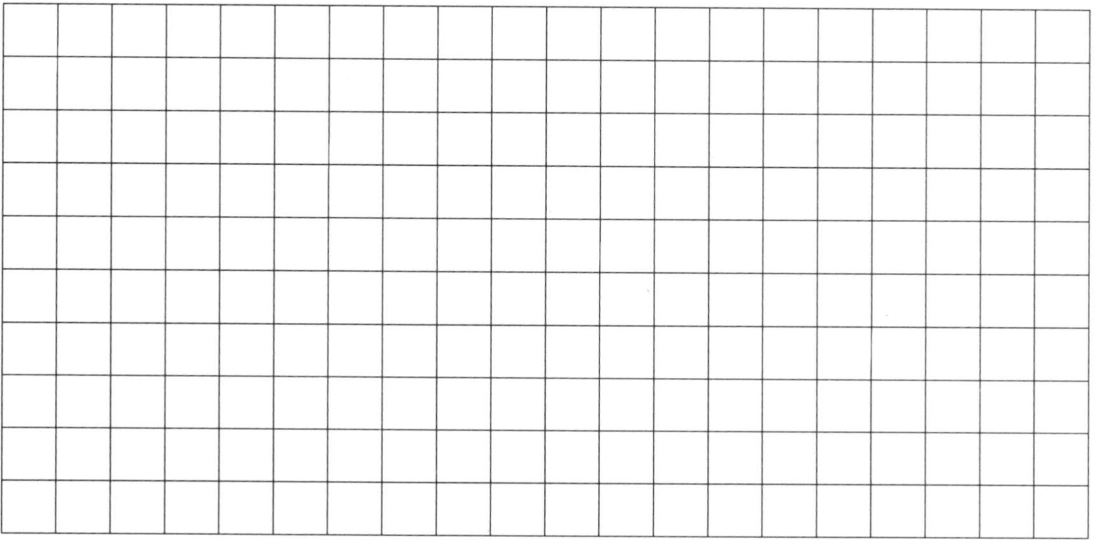

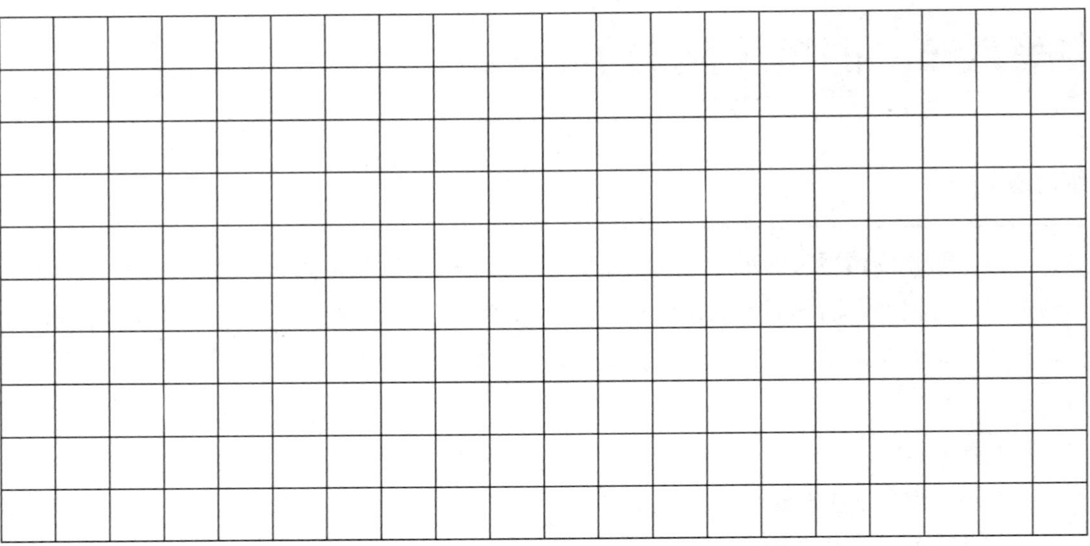

练习题（2）

疫情期间，继线上授课之后出现了许许多多的线上活动，比如线上会议、线上考试等。这些活动既令人们充满了好奇心，又为大家创造了方便。请你以「オンライン試験」为题，写一篇短文。

写作要点：

1. 谈谈线上考试的看法。
2. 说说线上考试的好处与坏处。
3. 总结全文。

写作要求：

1. 字数为280～320字。
2. 格式正确，书写清楚。
3. 使用「です・ます」体。
4. 所提示的内容必须在短文中体现出来。

练习用：

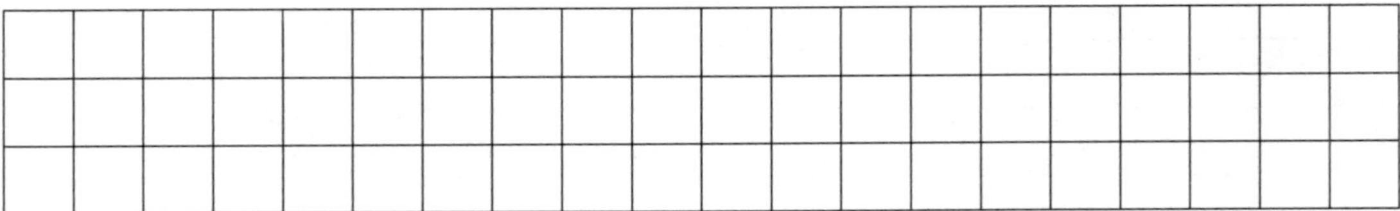

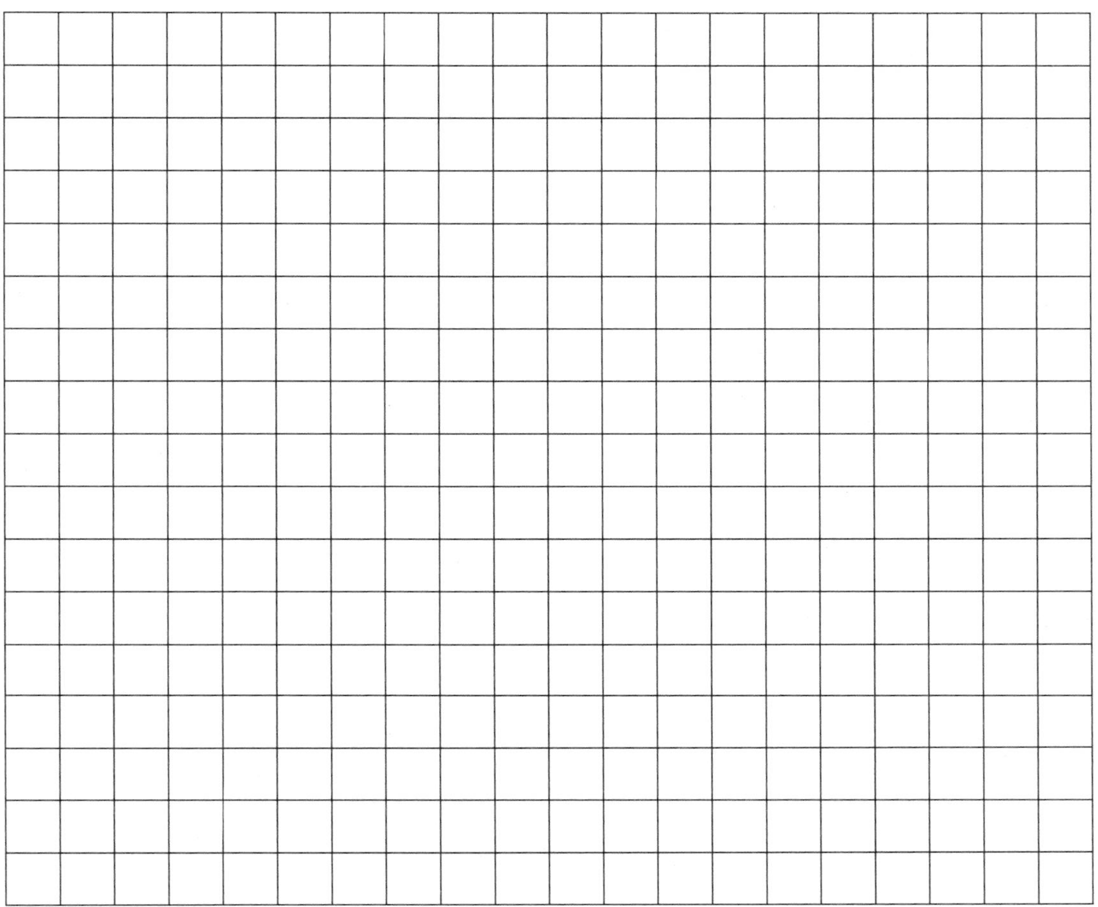

参考答案

一、环境

练习题（1）参考范文

地球温暖化について

人間活動の拡大で、さまざまな環境問題が起こってしまいました。その中に、「地球温暖化」は深刻な問題となっています。（描述背景）そして、人間の活動にも被害を及ぼします。（引出下文）

地球温暖化の最大原因は、人類によるエネルギーの過剰消費にあると私は思っています。地球温暖化で海面水位が上昇することにつれて、砂漠化、異常気象、食糧不足などが起こり、人間だけではなく、動物や植物などにも悪影響を及ぼします。（说明地球温暖化的原由以及危害）

地球温暖化を防ぐためには、私たち一人一人が、省エネルギーに取り組むことが大切です。例えば、買い物はマイバックを使い、出かけるときは公共機関を使用し、エアコンの設定温度を適切に保つなどのことから取り入れてみたらいいと私は思います。（提出建议，做法）

私たち自身が危機的な状況にならないため、青い地球を自分の手で守っていきましょう。（总结全文，强调自己的看法）

练习题（2）参考范文

ゴミを減らそう

ゴミは今の生活の中で深刻な問題となりました。ゴミまたゴミを処理する時にもまた有害物が生じ、自然に大きな被害を及ぼします（描述背景）私はゴミを減らすために次のことをいつもしています。（引出下文）

一つ目は、ゴミになるものを減らすことです。例えば、スーパーでの買い物はマイバッグを使うとか、食べ物はできるだけ残さないようにするとかゴミになるものがなくなると、ゴミも減るでしょう。（提出建议，做法）

二つ目は、ゴミをちゃんと分別して、リサイクルできるようにすることです。ゴミには、生ゴミのように肥料として使えるものや、紙やガラスのように資源として再生できるものがあります。リサイクルできるものが増えれば、ゴミが減ることになります。（提出建议，做法）

一つしかない地球なので、皆も身近のできることから始めたらいいと思います。

二、习俗

练习题（1）参考范文

日本人と中国人の考え方の違い

中国と日本はいずれもアジアの国ですが、考え方が異なります。（点题）この違いは伝統や生活環境などの影響で形成されたものです。（描述背景）

周知のとおり、初対面の時に、中国人は普通握手をして近い距離で会話をします。それは親近感を増やすと考えているからです。日本人の場合は、少し離れて話をします。あまり近いと、相手に不快感を与えるかもしれないからです。（对比说明）

それから、他人との関係に対しても考えが違います。中国語には「四海之内皆兄弟」と言う諺があります。この諺の通りに他人を家族のように扱っています。ですから、中国人は性格が朗らかだと言われています。それに対して、日本人は「人に迷惑をかけるな」と言われて育ってきました。できるだけ他人と距離を保ち、迷惑をかけないようにしています。（不同例子不同方面，对比说明）

こういう考えの違いがあるからこそ、それぞれの独特な文化が生まれるのでしょう。こういう違いを受け入れて、深く理解することが重要だと思います。（总结全文，升华主题）

练习题（2）参考范文

日本の習慣

国によって習慣が違います。日本には、お盆や正月が近くなると、世話になった人や目上の人などに物を送る習慣があります。（点题，说出了解的习俗）

これは、昔、お盆とお正月に先祖の祭りをした行事に関係があります。先祖を大切にするのと同じ気持ちで、世話になった人や目上の人にあいさつをし、贈り物をします。そして、食料品を送ることが一番多いです。このような贈り物には、「いろいろなお世話になりました。これからもよろしくお願いします。私のお礼の気持ちをこのプレゼントと一緒に送ります」という意味があるのです。（举例说明习俗的由来）

このような習慣があるからこそ相手への感謝の気持ちを表すことができるのです。そして、人間関係をもっとよくすることができるでしょう。（总结全文）

三、教育1

练习题（1）参考范文

読書について

経済の発展につれて、人民の生活は豊かになっています。しかし、読書量は以前とあまり変化がないと言われています。2014年、我が国の年間読書量は４、５冊で、平均日読書時間は13.43分間だそうです。（描述背景即描述现状）世界的に見れば、確かに低く、伝統国、礼儀の国にふさわしくありません。（引出下文）

我が学校では、大部分の学生は教科書のほかに、1時間ぐらいの読書時間を確保できます。人気があるのは面白くて読みやすい本です。そして、主に学校の図書館から本を借りて読んでいます。また、携帯電話で電子書籍を読む人もかなり多いです。勉強することによるストレスを取るため、本を読んでいるのです。（读书的好处）

それで、読書社会を作るために、小学校から読書教育に力を入れて、小さいころから読書の習慣を付けさせ、本への興味を持たせたほうがいいと思います。（总结全文，表达看法）

练习题（2）参考范文

高校で学んだこと

私は高校生活の中で努力することの大切さを学びました。（点题）

高校に入った頃は全然勉強ができなかったのが悔しかったのですが、その気持ちをバネに毎日1時間自分の苦手な問題を解くようにしました。その結果、テストで良い点数を取れるようになり、とても嬉しかったです。

また、学校生活の中でも先生や友達に叱られてしまったこともありました。常識を知らなかったというのはやはり恥ずかしいし、この出来事を通じてもっと色々なことを知っておきたいと感じました。（通过举例具体事例，说明自己学到的道理）

これから大学や会社に入ってもまだまだ自分の知らないことはたくさんあると思います。でも、知らないことを知らないまま、出来ないことを出来ないままにしたくはありません。新しいことを知ろうとしたり出来るようになるように、これからも毎日少しずつ努力していこうと思います。（总结全文，说明自己学到的道理。并延申至未来）

四、教育2

练习题（1）参考范文

大切な人

大切な人は人によって違います。（点题）私にとって、一番大切な人は母です。（阐述观点）

なぜかというと、母は私に深い影響を与えたからです。母はいつも親切にしてくれて、私が困難にあったときに私を助けてくれます。母と一緒にいる時には楽しい時間を過ごすことができます。高校三年生の私は毎日勉強に追われて、疲れています。母のおかげで、気持ちがよくなるだけでなく、たまったストレスも解消できるようになりました。ですから、母が私の一番大切な人だと思います。

これからも母と一緒にいる時間を大切にして、毎日有意義に過ごしていきたいです。（总结全文）

练习题（2）参考范文

わたしの夢

私はもともと鳥の飼育員になりたいと思っていました。しかし、この夢をくつがえす重大事件が2回あり、私の夢は「世界と協力して環境を守る仕事」に大きく変わりました。

一つ目の事件は私が父に「鳥の飼育員になりたい」と話した時に起こりました。父が「鳥を守るには環境を保護せんといかんよ」という夢を変える一言を言ってきました。この言葉を聞き私は鳥が過ごす環境を守らなければ、鳥は守れないと知ることができました。

二つ目の事件はバードウオッチング会に行った時に、鳥を説明してくれた物知り先生が鳥の生態を解説している時に起こったことです。先生が「日本で守っても鳥が渡った国で死んでしまえば意味がない」と夢を後おしする言葉をかけてくれ、協力しないと守れないことを知れました。

このような重大経験をして、私は世界と協力し環境を守るという夢がかたまりました。

五、科技

练习题（1）参考范文

買い物について

ネットの発展に伴い、ネットショッピングは大衆に受けるようになっています。ネットショッピングを利用する人は日々増加しています。その一方、スーパーへ買い物に行く人が減りつつあります。（阐述背景）では、ネットショッピングとスーパーで買い物するのと一体どちらのほうがよいのでしょうか。（引出下文）

それについての考え方は人によって異なります。ネットショッピングのほうがよいと考えている人はほとんどです。なぜかというと、ネットショッピングは便利なだけでなく、商品の値段もスーパーより安いからです。それに対して、スーパーで買い物する人もいます。商品を実際に見ることができて、不良の商品を買ってしまった可能性が低いと考えられているからです。

高校三年生の私は、毎日勉強に追われて、暇な時間がすくないです。できるだけ時間を節約したいですから、私にとって、やはりネットショッピングのほうがいいです。（综合上述原由，阐述观点）

练习题（2）参考范文

家庭用ロボット

高齢化社会が進むことによって、各家庭でいろいろなことを手伝えるロボットを必要とする老人がますます増えています。それで、わが社は長年にわたって研究して、新しい家庭用ロボットの開発に成功しました。（描述背景）

このようなロボットは老人と一緒に生活すれば、老人の便利な生活の実現のために大きな役に立ちます。まず、このロボットは老人の決めた時間どおりに料理を作って、そして、老人の要求に応じて時間を変えることができます。また、老人のかわりに部屋の掃除をしたり、洗濯したりすることもできます。それから、老人が寂しくなるたびに、おしゃべりをしてあげたり、老人と遊んであげたりできます。最後に老人が病気になった時に、「120」の電話を掛けて、救急を呼ぶこともできます。（举例说明机器人的功能作用）

このようなロボットは老人のよい仲間とも言えるでしょう。（总结全文）

六、时事

练习题（1）参考范文

オンライン授業について

新型コロナウイルスの影響で、全世界の経済や教育などが巨大な損失を受けました。感染拡大を防ぐために、様々な対策が行われました。オンライン授業は一つの方法として、全国各地で実行されました。（描述背景）

学生にとって、そんな大規模なオンライン授業が初めてなので、みんながわくわくしています。しかし、授業ができますが、効率が保証できません。学生がみんな自分の家で授業を受けるのです。学校と比べて、家では精神がなかなか集中できないのです。そして、ネットが悪くて、授業を中止させることもあります。ですから、学生が本気に勉強している時間は多くとも２０分くらいです。（举例说明你对网课的看法及其缺点）

とにかく、オンライン授業はやはり小規模の授業に適合すると思います。ですから、みんな団結してコロナを克服しましょう。（总结全文）

练习题（2）参考范文

オンライン試験

感染拡大が続いているうちに、オンライン授業とか、様々な新しいものが次々と出てきました。先週の日曜日に、私はオンライン試験を受けました。オンライン試験がとてもいいものだと思います。（描述背景，阐明观点）

二つの理由があります。一つ目は、オンライン試験が便利だということです。決まった場所に行かなくても試験を受けることができます。それは途中での費用の節約になります。

二つ目は、安全とのことです。新型肺炎の感染拡大の今、人に直接に接することが危ないです。オンライン試験を行えば、そういうリスクを避けることができます。家でいれば試験を受けられて、マスクをつけなくてもいいです。

三つ目は、学習に有利だと思います。試験で、自分の不足をチャックして、それから、直して、もっと強くなります。（举例说明理由）

ですから、オンライン試験がいいものだと思います。（总结全文、首尾呼应）

附录　高频题材

社会问题

高齢化　少子化

高齢化	医療分野の発展や生活の変化などにより、人間の平均寿命は延び続けています。 高齢化が進むと、労働力になれる人口が少なくなり、社会の発展に大きな影響を及ぼします。 高齢社会に入ると、高齢者が暮らしやすい環境を作らなければならないです。 年を重ねても安心してみんなで支えあえる社会を作りたいです。
少子化	時代が進むに連れて価値観の変わりは少子化に影響を与えています。 独身生活を楽しみしている人が多くなっています。 家庭から社会へ進出する女性が増えています。 少子化が進むと、労働力になれる人口が少なくなり、社会の発展に大きな影響を及ぼします。

环境问题

地球温暖化　水問題　ゴミ問題　大気汚染　エネルギー問題

文明化によって都市化や人口の増加が進み、生活が便利になるに連れて、環境問題が出てきました。 人間活動によって、自然界のバランスが崩れています。地球環境が悪化すれば、私たちの生活や健康に大きな被害がもたらされることになります。 地球は私たちだけのものではありません。未来の人たちのためにも、今できることを考えた上で、行動することが大切です。 環境に優しい生活を思って、少しずつ環境へ配慮があるものへと変えていくことが必要だと思います。 環境問題は深刻度を増して、解決に向けて努力しなければなりません。	
地球温暖化	人間活動の発展に連れて、二酸化炭素の過排出が地球温暖化の原因とされています。 地球温暖化が進むと、人間だけではなく、動植物にも大きな悪影響を及ぼします。
水問題	人口の増加に連れて、水の使用量も急増しています。しかし、地球上の水は限りある資源です。世界では、多くの人が水不足で苦しんでいます。
ゴミ問題	便利な時代になった今、大量のゴミが発生しています。ゴミの処理は難しい問題で、適切な処理をしないと環境へ悪い影響を与えるかもしれません。
大気汚染	自動車や工場などから出る化学物質によって、空気が汚れてしまいました。大気が汚れると、私たち人間や動物、植物などにも影響を及ばします。
エネルギー問題	電車、冷房、パソコンなど、こうした便利な暮らしを支えているのは、電気やガス、ガソリンといったエネルギです。経済成長と共に生活が便利になった今、エネルギーの需給問題が肝心になりました。

现代科技

電子製品　オンライン　インターネット

現代社会は、経済的に豊かになり、科学技術も高度に発達し、より便利で快適な生活が実現しています。	
電子製品	【正面】電子製品は人々がよりよい生活を送るために作られています。 【反面】電子製品に頼りすぎると、体を動かすことや、自然に触れることが少なくなりました。
インターネット	【正面】インターネットを活用することで、いろいろな情報を手に入れることができます。 インターネットがつなぐことで、世界との距離が近くなっています。 【反面】インターネットに頼りすぎると、自分で考えることが少なくなる心配があります。
オンライン	【正面】場所に限られず、ネットがあればどこでも参加することができます。 場所まで移動時間や費用はかからないです。 【反面】電子機器の長時間利用で健康に影響があります。運動不足にも注意が必要です。

中日习俗

飲食

飲食	【相同】日本と中国は同じくお箸を使います。 中国でも日本でも、主食としてはお米を食べています。 【不同】 中国人は暖かい水を飲むのが普通ですが、日本人は冷たい水をよく飲んでいます。 お粥は中国人にとって朝ご飯としてごく普通に食べられているけれども、日本人は病気になった時だけお粥を食べることが普通です。 中国では生で食べることもありますが、調理して食べるのが普通です。日本のように刺身とか生卵とか、生のものはあまり食べないです。